파킨슨의 법칙

일러두기

이 책은 2003년과 2010년에 발행된 『파킨슨의 법칙』 재편집본입니다.

PARKINSON'S LAW

by C. Northcote Parkinson

Copyright ⓒ 1957 by C. Northcote Parkinson. Renewed

All rights reserved.

This Korean edition was published by Book21 Publishing Group in 2019

by arrangement with Charles Parkinson through

KCC(Korea Copyright Center Inc.), Seoul.

이 책은 한국저작권센터(KCC)를 통한 저작권자와의 독점계약으로
(주)북이십일에서 출간되었습니다.
저작권법에 의해 한국 내에서 보호를 받는 저작물이므로
무단전재와 무단복제를 금합니다.

파킨슨의 법칙

직원 수가 늘어도 성과는 늘지 않는 이유

시릴 노스코트 파킨슨 지음 | 김광웅 옮김

21세기북스

순진한 사람들은 세상이 어느 정도 합리적인 곳이라고 생각한다. 이는 역사, 정치, 시사와 관련된 도서를 편찬하는 사람들에게도 마찬가지일 것이다. 그들은 대부분의 사람들은 신뢰할 만한 후보를 자유롭게 선출하는 능력을 가지고 있으며, 이 결과로 현명하고 뛰어난 사람이 선출된다고 믿는다.

이와 같은 생각은 기업에도 그대로 적용된다. 주주들이 자유 의지에 따라 기업의 대표 이사를 뽑으면, 대표 이사가 기업의 하위직에서 능력을 발휘해온 직원을 현명하게 선발해 책임자의 자리에 앉힐 것이라고 믿는 것이다. 많은 책에는 이 믿음이 겉으로 명확하게 드러나 있거나 혹은 글 속에 넌지시

암시되어 있다. 하지만 실무 경험이 있는 사람에게 이러한 전제는 비웃음거리일 뿐이다. 그들은 '현명하고 뛰어난 사람들로 구성된 진지한 비밀 회의'는 순진한 사람들이나 믿을 만한 공상에 지나지 않는 것으로 여긴다.

이처럼 사람들이 믿는 바와 현실의 괴리가 크다면 우리는 이에 대해 다시 한 번 깊게 생각해야 할 것이다. 소설책만 찾는 학생들도 한 번쯤 공공 행정이나 기업 행정에 관한 책에 관심을 가져야 한다. 이러한 의미에서 아프리카 원주민 이야기를 다룬 헨리 해거드와 첨단 우주 전쟁을 그린 오손 웰즈의 소설 중간쯤에 놓일 이 책은 학생들에게 많은 도움이 될 것이다. 단 이 책은 처음에 상상했던 이상으로 훨씬 충격적일 수 있다.

시청 공무원이나 건축 설계도의 진실을 폭로한다는 것은 생각처럼 단순한 문제가 아니다. 진실을 알게 된 사람들이 느낄 놀라움과 불안을 상상해보라. 그래서 나는 이 문제에 관심 있는 몇몇 사람들에게만 그 실체를 살짝 보여주고자 노력했다. 통찰력이 있는 사람이라면 이 책을 조금만 훑어보아도 이 책이 전하는 진실이 전혀 평범하지 않은 경험을 바탕으로 한다는 점을 알아챌 것이다. 하지만 나는 보통 사람들도 쉽게 이해할 수 있도록 이따금씩 어마어마한 양의 연구 자료를 동원하여 힌트를 주려고 했다.

나는 독자들이 스스로 도표를 그리고 색인 파일을 뒤지고 계산기를 두드리며, 나아가 이 주제를 연구하는 데 반드시 필요한 참고 서적을 뒤적이기를 바란다. 그렇게 하여 터득한 사실을 바탕으로 세상에 떠도는 근거 없는 상상을 물리쳤으면 좋겠다. 아울러 이 책에 폭로된 진실이 천재 한 명이 쉽게 만든 소품이 아니라 많은 자원이 투여된 방대한 연구의 결과라는 점을 인정해주기 바란다. 물론 몇몇 독자는 이론의 토대가 되는 실험과 가설이 좀 더 상세히 설명되어야 한다고 생각할 것이다. 이러한 사람들에게는 많은 정성을 들인 책은 읽는 시간이 오래 걸리고 돈도 더 든다는 점을 상기시켜주고 싶다.

이 책에 실린 각 글들은 수년간 끈기 있게 조사하여 얻은 결과물이다. 그러나 이 책이 세상의 부조리를 폭로하는 모든 사례를 전부 소개하고 있지는 않다. 지금도 시시각각 새로운 연구 분야가 개척되고 이전에는 생각지도 못했던 문제가 제기되고 있다. 이렇게 세상은 하루가 다르게 발전하고 있다. 머지않아 이 책의 내용도 새 자료들로 대체되어 개정판이 출간될지 모를 일이다.

이미 발표했던 논문을 재출간할 수 있도록 허락해준 편집자들에게 이 자리를 빌려 감사의 인사를 전하고 싶다. 파킨슨의 법칙을 최초로 소개한 「이코노미스트」는 4장 '위원회의 인원과 효율성의 상관관계'와 10장 '물러나야 할 시기 파악하기'를 재출간할 수 있도록 도와주었다. 그리고 「하퍼스」와 「리포터」에 실린 논문도 이 책에 다시 수록했음을 밝힌다.

나를 격려해준 많은 출판 관계자들이 없었다면 지금과 같은 성과를 거두지 못했을 것이다. 끝으로 독자들을 눈멀게 하는 수준 높은 수식을 정리한 학식 높은 수학자들에게도 여러 가지 이유로 감사의 말을 전한다.

1957년 싱가포르에서
시릴 노스코트 파킨슨

'조직이 움직인다'는 것은 결코 쉬운 일이 아니다. 더욱이 '조직을 움직인다'는 것은 더 어려운 일이다. 이 어려운 일에 사람들은 도전한다. 왜냐하면 우리는 조직 속에서 더불어 살아야 하기에 조직인이 될 수밖에 없고, 이는 매우 자연스러운 일이기 때문이다. 결코 만만하지 않은 조직 그리고 그 일을 하는 조직인들은 선현들의 여러 경험을 바탕으로 조금이라도 더 조직이 안고 있는 문제를 해결하기 위해 노력하며 살아간다. 또한 조직생활에 차질이 없도록 정성을 들인다. 그럼에도 많은 경우에서 조직의 본질이 무엇인지 잘 모른 채 이런저런 문제를 맞닥뜨리곤 한다.

행정학도이거나 경영학도 아니면 사회학도라면 강의 시간에 '조직이 무엇인가?' '조직이 하는 일은 무엇인가?' '그 조직의 구성원들은 만족하며 일하는가?' '그 조직은 정당한가?' 등에 관한 질문을 수없이 받았을 것이다. 그리고 학생, 일선에서 근무하는 실무자나 지도자들은 이에 대한 답을 어느 정도는 가지고 있다. 가정생활만 하는 전업주부들도 일종의 조직인으로서 이 문제에 대한 답을 어렴풋이 알고 있다.

그렇다면 과연 '조직'은 무엇인가? 임기 말이 되면 어김없이 대통령 선거를 치르고, 또 그에 따라 새 정부의 조직이 구성된다. 그런데 조직을 바꾸는 사람들은 과연 조직이 무엇인지를 제대로 알고 일하는 것일까?

이와 같이 조직은 사람들의 활동 공간이기 때문에 늘 우리 삶의 화젯거리일 수밖에 없다. 그러나 유감스럽게도 우리는 조직이 어떻게 생겼는지, 그 안에서 어떤 일이 왜 그렇게 일어나는지 잘 모른다. 조직 안에는 다양한 사람들이 있다. 이들은 함께 일하기는 하지만 각자 서로 다른 동기와 기대를 갖기 마련이고, 이것이 얽히면서 전혀 다른 국면으로 상황이 전개되는 경우가 허다하다. 때문에 조직에서 일어나고 있는 일을 이해하고 해석하기란 그리 쉽지 않다. 피라미드 조직에서 네트워크 조직으로 가면 사정은 더욱 어려워진다.

정부 행정이나 기업 조직의 고전이라고 할 수 있는 이 책을 번역한 이유가 바로 여기에 있다. 근 반세기 전에 발간된 책이지만 이 책을 새삼 번역한 이유는 조직생활의 시작에서 끝까지를 사실에 근거해 매우 재밌고 지혜롭게 보여주고 있기 때문이다. 이 책은 경영이나 행정에 관한 최근의 저서들과 비교해보아도 전혀 손색없는 유익한 내용을 담고 있다.

이 책의 대략적인 내용은 다음과 같다.

정부 행정과 기업 경영에서 거의 제1의 법칙이라고 할 수 있는 파킨슨의 법칙은 '일은 그것을 처리하는 데 쓸 수 있는 시간만큼 늘어나게 마련이다'로 요약된다. 시간은 얼마든지 늘리거나 줄일 수 있다는 의미로, 조직에서 하는 일은 사람과 상황에 따라 시간과의 함수관계가 비례적일 때도 있고 반비례적일 때도 있다는 것이다. 특히 서류 업무에 드는 시간이 조절 가능한 성질의 것이라는 사실을 인정하면, 업무와 그 업무를 담당하는 직원 수의 관련도는 거의 제로에 가깝다는 말이 된다. 일례로 정부가 조직 개편을 할 때 공무원의 수도 더불어 줄이려고 하고 또 실제로 좀 줄어들기도 하지만, 결국은 줄어들기는커녕 매년 늘어나고 있다는 사실에 직면한다. 파킨슨은 이 법칙을 과학이라고 주장하면서 이에 관한 공식까지 만들어놓았다.

한편 파킨슨은 사람들이 모여 논의를 할 때도 특이한 점이 발견된다고 말한다. 가령 영국에서 정치학을 공부했다면 출신 학교가 어디인지는 전혀 중요하지 않다고 한다. 시스템에 적응해 제대로 된 성취를 이룰 수 있는지의 여부는 출신 학교가 아니라 순전히 회의장의 좌석 배치에 달려 있다는 이야기다. 회의 때 나오는 주장 가운데 태반이 말도 안 되는 것이다. 만일 좌석이 서로 마주 보도록 배치되어 자기편과 상대편이 뚜렷이 구분되어 있으면 사람들은 논의의 내용을 제대로 듣지 않는다고 한다. 대표적으로 영국 웨스트민스터의 여야 의원 간 좌석 배치가 그러하다. 이에 반해 프랑스나 우리나라의 의회는 의원들이 한곳을 보도록 반원 형태로 좌석을 배치해 (자신의 편이 명확히 드러나지 않으므로) 어느 쪽의 주장이 더 설득력이 있다고 말하기가 어렵게 되어 있다.

안건 논의에 들이는 시간도 안건 순서에 따라 달라지는 것이 아니라 안건에 포함된 예산액에 반비례한다는 역설적인 주장을 한다. 예를 들어 100만 달러에 대한 관심은 그만한 액수를 가져보았는지 여부에 따라 커다란 차이를 보인다. 비슷한 정도의 돈을 가져보지 못한 사람은 100만 달러라는 액수에 아예 관심을 갖지 않는다. 그러나 많은 사람들이 1,000달러 정도에는 관심을 표명한다. 이는 일종의 '사소한 것에 대한 관심의 법칙Law of Triviality이라 할 수 있다. 그러나 의안을 통과시키다 보면 대개 처음에서 일곱 번째 안건까지는 열심히 논의를 하다가 그다음부터는 쉽게 넘어가는 경우가 부지기수다. 이에 대한 이유로 시간이 흐름에 따라서 지루해졌기 때문이라고 해석하는 게 통설이었다. 그런데 파킨슨은 지루함보다는 안건에 대한 지식 여부에 초점을 두었다. 그는 의제를 설정할 때에도 가끔 이 전략을 쓴다.

또 파킨슨은 위원회의 인원과 효율성의 상관관계를 매우 예리하고 흥미롭게 파헤쳐놓았다. 영국의 내각은 처음에는 5명으로 구성되었다. 그 이유는 우선 모이기가 편해서였다고 한다. 하지만 전문 분야별로 사람이 더 필요해져서 내각을 9명으로 늘렸다. 그러나 인원 증축은 여기서 멈추지 않고 다시 10명으로, 또다시 20명으로 불어났다. 우리나라도 헌법에 국무 위원의 수를 15명 이상으로 규정하고 있다. 내각이 20명 내지 22명 정도로 늘어나면 위원회 발전의 네 번째 단계에 해당되는 것으로 본다. 파킨슨에 따르면, 이렇게 불어난 위원회는 무용지물에 가깝다. 참고로 영국의 내각은 많게는 23명인 때도 있었다.

파킨슨은 19~22명 사이에 위원회가 비능률 상태에 빠지는 숫자가 존재한다고 주장한다. 그는 이 공식을 실제 참석한 평균 인원, 외부 이익단체의 조종을 받는 회원 수, 가장 멀리 떨어져 앉은 사람 사이의 간격, 위원회가 처음 결정되어 활동한 햇수, 의장의 인내심, 회의 시작 직전에 측정한 최고령자 3명의 평균 혈압 등을 변수로 써서 19.9~22.4명 사이에 비효율에 빠지는 인원수가 있다는 사실을 입증한다.

비효율의 징후는 이렇다. 탁자의 양쪽 끝에서는 각자 다른 대화를 한다. 그것도 대개 쓸데없는 발언인 경우가 많다. "의장님, 25년 동안의 제 경험으로 볼 때 이 문제는 신중하게 생각해야 합니다. 우리는 무거운 책임을 떠맡고 있습니다. 아울러 저는……." 하는 종류의 온갖 불필요한 말이 난무하는 가운데 몇몇 사람은 "그 일은 내일 점심을 같이하면서 이야기합시다."와 같은 쪽지를 주고받는다. 실제로 위원회가 이 정도 수준만 되어도 오히려 다행인지 모른다. 사람이 많아지면 그중에는 별별 유형이 있고 또 친소관계가 달라서 고성이 오갈 때도 있다. 우리나라 국회에서나 있음직한 상황이 대학의 교수 회의에서도 빈번하게 벌어지는 게 현실이다.

파킨슨은 조직이 병들어 마비되는지 알아내는 방법에 대해서도 설명한다. 그는 무능과 질시嫉視를 조직을 마비시키는 병균으로 규정한다. 둔하고 고집만 센 고위 간부와 상대방에 대한 음모를 꾸미는 데 골몰한 중간 관리자들과 체념적이거나 어리석은 하급 직원들로 구성된 조직은 어디에서나 볼 수 있다. 이들이 서로 반목하는 날을 그 조직이 끝장을 보는 날이라 해도 무리는 아니다. 무능과 질시에 감염된 조직은 뛰어난 사람이 승진하거나 임용되는 일을 백방으로 막고 자신보다 못한 사람들만 고용하여 스스로의 무능을 감추려고 한다. 뿐만 아니라 무능을 치유할 생각조차 하지 않고 과거와의 선을 과감하게 끊지도 못한다.

오늘날 이러한 조직은 일반 기업은 물론 정부나 정부 출연 기관에 수두룩하다. 우리는 정치 조직에 선을 끊지 못해 집권 기간 내내 짐이 되고 부패의 온상이 되는 조직을 누누이 보아왔다. 성취 기준을 낮게 잡거나 자만에 빠지거나 무관심이 팽배한 조직에 희망은 없다. 이 무능한 조직을 고칠 때 단순한 약물 처방을 할 것인지, 병든 조직 자체를 제거하는 수술을 할 것인지는 질병의 증세에 따라 현명하게 판단해야 한다.

아울러 파킨슨은 인재를 선발하는 방법을 설명하면서 면접 위주의 영국식과 필기시험으로 소양을 테스트하는 중국식을 비교했다. 요즘 기업이나 학교는 (그리고 앞으로는 정부도) 면접시험을 매우 중시하는 추세다. 소양도 소양이지만 됨됨이를 알기 위해 면접에 비중을 두는 방향으로 나아가고 있는 것이다. 그런데 이 책에서 예시한 영국식 면접법은 우리가 배척 사유로 생각하는 연고를 드러내놓고 중시한다는 면에서 조소를 피할 수 없다. 하지만 객관을 가장해 숫자 놀음을 하면서 결과를 의도대로 조작하는 우리의 모습 역시 문제이기는 마찬가지다.

또한 파킨슨은 파티에서 사람들이 보이는 행태에 대해서도 예리하게 관찰했다. 그는 파티에 온 사람들이 왼쪽으로 움직인다는 사실을 확인했다. 사람들은 시계방향으로 움직이며 중앙으로 나가지 않고 양 측면을 더 선호했다. 이는 동굴생활을 했던 원시인들이 다른 사람의 동굴에 들어갈 때 갑작스러운 공격에 대비해 등을 벽에 붙인 채 방어 태세를 갖추는 습관에서 비롯된 것이라고 한다. 한 사람을 붙잡고 오래 이야기하는 사람은 중요한 사람이 아니고, 한쪽 구석에 박혀 있는 사람은 소심한 유형이다.

파티에 도착하는 시간 또한 매우 중요하다. 파킨슨은 핵심 인물이 도착하는 시간대는 보통 파티가 시작된 지 45분 후라고 했다. 우리의 경험으로도 알 수 있듯이 중요 인사는 대부분 파티가 본격 궤도에 오르기 전에 와서 눈도장만 찍고 자리를 뜬다. 예전 식민지 시대의 관행에 따라 '검은색 양복을 입은 공무원만 따라다니면 된다'는 조언도 흥미롭다.

파킨슨은 조직으로부터의 퇴장에 관해서도 한마디하는 것을 잊지 않는다. 그는 개인의 효율성은 퇴직(R)하기 3년 전, 즉 R-3년일 때부터 떨어지므로 그때 물러나는 것이 좋다고 한다. 그러나 사람에 따라서는 그리고 직장의 성격에 따라서는 퇴임 때까지 열심히 일하는 간부들이 상당히 있다. 반면에 "어쨌든, 난 중요한 인물이니까." "나한테 물어보지도 않다니." "내가 평생을 몸 바쳐 일한 직장인데." "○○은 아무 경험도 없어."와 같은 말을 하며 자신의 처지를 미처 깨닫지 못하는 사람도 많다.

파킨슨의 문체는 학자적 엄숙함을 유지하면서도 날카롭고 냉소적인 것으로 정평이 나 있다. 또한 이 책이 소개하는 사례도 최근의 것이 아니기 때문에 현재 우리나라 독자들에게 는 낯선 내용이 많은 것이 사실이다. 이를 보완하기 위해 미력하나마 각 장의 서두에 짧은 설명을 첨부했다. 이를 통해 조직 행정에 대한 파킨슨의 예리한 비판을 독자들에게 가감 없이 전달할 수 있다면 역자로서 더없는 기쁨이리라.

우연히도 내가 대학에 들어간 즈음에 이 책이 출간되었다. 평생 행정학 공부를 했고 또 직장을 떠날 무렵에 이 책을 번역하게 되었다는 개인적인 인연이랄까. 어쩌면 이 책을 번역한 동기가 여기에 숨어 있는지도 모르겠다. 이 책이 조직생활을 위한 전략으로 쓰이기보다는 조직생활을 바르게 하는 지혜로 승화되었으면 하는 바람이다.

끝으로 우리나라에서의 경험을 파킨슨처럼 책으로 출간하는 사람들이 나와주었으면 좋겠다는 생각을 해본다.

옮긴이 김광웅

: 차례 :

1장

파킨슨의 법칙

승진의 피라미드

파킨슨의 법칙은 '일의 양과 공무원 수의 사이에는 아무런 관련이 없다'라는 것으로 파킨슨은 1955년에 통계학적으로 이를 증명했다. 그는 부하 직원을 계속 늘리려 하고 서로를 위해 일을 만들어내는 공무원의 생리로 인해 이러한 일이 벌어진다고 보았다. 다시 말해 공무원이 부하 직원을 고용하면 이들을 관리하기 위해 불필요한 일이 증대되어 공무원 수가 폭증한다는 것이다. 오늘날 이 법칙은 정부뿐 아니라 관료화된 거대 조직의 비효율성을 비판하는 메시지로 인식된다.

일은 그것을 처리하는 데 쓸 수 있는 시간만큼 늘어나기 마련이다. '세상에서 가장 바쁜 사람은 시간의 여유가 있는 사람이다'라는 격언은 그 사실을 잘 말해준다.

한 예로 한가한 노인은 조카한테 엽서를 쓰고 부치는 데 하루를 보내기도 한다. 엽서를 찾는 데 1시간, 주소를 찾는 데 30분, 편지를 쓰는 데 1시간 15분을 쓴다. 그리고 엽서를 부치러 나가는 길에 우산을 들고 갈 것인지 말 것인지 결정하느라 20분을 보낸다. 부지런한 사람은 3분이면 끝낼 수 있는 일을 이러한 식으로 질질 끌면 다른 사람들을 의문과 불안에 빠뜨려 결국 무기력하게 만들 수도 있다.

▍직원 수와 업무량은 아무 관련이 없다

일하는 시간 특히 서류 업무에 드는 시간은 충분히 조절될 수 있다는 점을 인정한다면, 업무와 그 업무를 담당할 직원의 수는 관련이 거의 혹은 전혀 없다는 점 또한 명백해진다. 실제로 하는 일이 적다고 해서 반드시 시간이 남아도는 것도 아니고 빈둥거리는 것처럼 보이지도 않는다.

일을 처리하는 데에 들이는 시간이 많을수록 일은 복잡해지고 중요해진다. 이는 일반적으로 인식되는 사실이지만 이말이 함축하는 광범위한 의미에 대해서는 소홀히 해온 게 사실이다. 특히 공공 행정 분야에서는 그 의미가 더욱 크다.

정치인들과 납세자들은 공무원 수가 많아지는 만큼 업무량도 당연히 늘어난다고 생각한다. 반면에 이러한 믿음에 의문을 품은 냉소주의자들은 공무원 수가 증가하면 반드시 빈둥거리는 사람이 생기거나 근무 시간이 줄어들 것이라 주장한다.

그러나 양측의 믿음과 의심은 모두 잘못된 전제에서 비롯되었다. 중요한 것은 실제로 공무원 수와 업무량은 아무 관련이 없다는 사실이다. 전체 공무원 수의 증가는 파킨슨의 법칙의 지배를 받으며, 그 수는 업무량이 늘어나거나 줄어들거나 혹은 업무가 아예 없어져도 크게 달라지지 않는다.

파킨슨의 법칙은 인원 증가의 요인에 초점을 두어 분석했다는 점에서 매우 중요하다. 만약 이 법칙에 따라 직원이 증가하는 요인을 파악한다면 인원수를 적절히 조절할 수 있을 것이다.

물론 이 법칙의 타당성은 구체적인 통계 자료로 입증되어야 한다. 이에 대해서는 뒤에서 서술하도록 한다. 일반 독자들에게는 통계 수치보다는 직원 수 증가의 근거가 되는 요인이 더 흥미로울 것이다. 그러니 이와 관련된 수많은 전문적인 사항을 생략하고 동기가 되는 두 가지 요인부터 먼저 살펴보자.

두 가지 요인은 다음과 같다. 첫째, 관리자는 부하 직원 증축은 반기지만 경쟁자 증가는 바라지 않는다. 둘째, 관리자는 서로를 위해 일거리를 만들어내는 경향이 있다.

먼저 첫 번째 요인에 대해 살펴보자. 이해를 돕기 위해 자신이 격무에 시달린다고 믿고 있는 A라는 공무원을 예로 들어보자. 정말로 A가 과중한 일을 하는지는 중요하지 않다. 다만 중년기에 나타나는 에너지 저하 때문에 업무를 과한 것으로 지각(혹은 착각)할 수도 있다는 점을 감안하기 바란다. A가 이러한 과로 상태에서 벗어날 수 있는 방법은 세 가지다. 사표를 쓰거나 동료인 B에게 협조를 구하거나 업무 보조를 위해 C와 D를 부하 직원으로 두는 방법이다.

세 번째 이외의 방법을 택하는 사람은 아무도 없을 것이다. 사직을 하면 연금을 받을 수 없다. 그렇다고 B와 함께 일하면 후에 상관 W가 퇴직하여 승진 자리가 났을 때 B가 경쟁자로 돌변할지 모른다. 이와 같은 이유 때문에 C와 D를 부하 직원으로 둘 수밖에 없을 것이다. 2명의 부하 직원을 두면 A의 지위가 보다 확고해질 뿐만 아니라 업무를 두 범주로 나누어 C와 D에게 분담시킴으로써 두 가지 업무를 모두 알고 있는 유일한 사람이 되는 이점도 얻게 된다.

이 시점에서 우리는 A가 C와 D, 2명의 부하 직원을 두어야 하는 이유를 알 필요가 있다. C만을 임용하는 일은 불가능하다. 만약 C만 임용할 경우 A는 C와 자신의 업무를 분담해야 하고, 그렇게 되면 A에게 C는 사실상 동료 B와 똑같은 상대가 되고 만다. 이 때문에 부하 직원을 반드시 2명 이상을 두어 서로 견제하고 서열을 지키도록 하는 것이다.

그런데 이번에는 C가 일이 너무 많다고 불평한다. 그러면 A는 C의 말을 인정한 다음 C의 업무를 보조할 2명의 직원을 두라고 충고할 것이다. 이에 C는 D와의 불화를 막기 위해 그에게도 2명의 보조원을 두라고 제안한다. 이렇게 해서 E, F, G, H를 충원하고 나면 A의 승진은 불 보듯 뻔한 사실이 된다.

결국 예전에는 한 사람이 하던 일을 이제는 7명이 하는 셈이다. 바로 이 상황에서 두 번째 요인이 작동한다. 7명은 서로를 위해 엄청나게 많은 일거리를 만들어내어 모두가 충분한 업무를 맡게 된다. 실제로 A는 그 어느 때보다 열심히 일한다.

이들 7명이 일을 어떻게 처리하는지 살펴보자. 일단 서류가 접수되면 7명 모두 차례로 열람한다. 우선 서류를 접수한 E가 그 서류 담당이 F라고 결정하면 F는 답신 초안을 작성하여 C에게 제출한다. 그러면 C가 그것을 대폭 수정한 후 D에게 조언을 구하고 D는 부하 직원 G에게 서류를 처리하도록 맡긴다. 하지만 G가 마침 휴가 중이어서 서류가 H에게로 전달되면 H가 수정안을 작성하여 D의 결재를 받고 C에게 전달한다. C는 그것을 토대로 자신의 기안을 수정해서 새롭게 완성된 답신을 A에게 제출한다.

그렇다면 A가 하는 일은 무엇인가? 사실 A는 온갖 문제에 둘러싸여 있으므로 제출된 서류를 읽어보지도 않고 결재한다고 해도 변명할 여지가 충분하다.

A는 내년에 W의 자리로 승진할 예정이라 C와 D 중에서 누구를 후임자로 지명할 것인지 결정해야 한다. 한편으로 그는 요건이 안 된다는 이유로 G의 휴가 신청을 기각한 것을 후회하고 있다. G 대신 H에게 병가를 내주었는데 그게 올바른 결정인지도 고민거리다. H는 최근 내내 창백해 보였는데 그 이유가 가정 문제 하나만은 아닌 것 같다. 다음으로 정기 대회 기간 동안 F에게 특별 급여를 지급할지 여부와 E를 연금 관리부로 지원 파견하는 문제도 결정해야 한다. 또한 A는 D가 유부녀인 직원과 불륜에 빠졌고 G와 F는 서로 말을 안 하는 사이인데 아무도 이유를 모른다는 이야기를 듣는다. 이러한 문제에 신경 쓰느라 A는 C가 올린 기안을 그대로 결재하여 일을 마무리하고 싶은 마음이 굴뚝같다.

하지만 A는 천성이 성실한 사람이라 직원이 늘어나서 생기는 문제로 인해 고민이 많더라도 자신의 책임을 회피하지는 않는다. 그는 기안을 주의 깊게 검토한 후 C와 H가 덧붙인 복잡한 문장을 삭제하고 그나마 똑똑한 F가 맨 처음 작성한 대로 고쳐놓는다. 그리고 도대체 요즘 젊은이들은 문법에 맞는 글을 쓸 줄 모른다고 한탄하며 문장을 다듬는다.

결국 6명의 부하 직원이 생겨나기 전에 그가 작성했을 법한 답신이 완성된다. 똑같은 결과를 예전보다 훨씬 더 많은 사람의 손을 거쳐 훨씬 더 많은 시간을 들여 만들어내는 것이다. 이 과정에서 누구도 빈둥거리지 않았다. 오히려 모든 구성원이 최선을 다했다. A가 분주한 일과를 끝내고 퇴근 준비를 하는 시간은 늦은 저녁 무렵이다. 땅거미가 지고 사무실의 불이 하루의 끝을 알리며 꺼진다. 가장 늦게 사무실을 나서는 사람들 사이에 섞여 어깨를 축 늘어뜨리고 쓴웃음을 짓는 A의 모습은 부분부분 하얗게 센 머리카락처럼 늦은 귀가 시간 역시 성공에 따르는 대가임을 나타내고 있다.

행정 직원 증가의 법칙

정치학을 공부하는 학생이라면 지금까지의 설명을 듣고 행정 공무원이 어느 정도는 반드시 증가하게 되어 있다는 사실을 깨달았을 것이다. 그러나 A가 임명된 날로부터 말단 직원인 H가 퇴직하여 연금을 받기 시작하는 날까지의 기간에 대해서는 아무것도 밝혀지지 않았다. 나는 지금까지 어마어마한 양의 통계적 증거를 수집했는데, 바로 이 자료를 연구하는 과정에서 파킨슨의 법칙의 실마리를 찾았다.

지면 사정상 모든 자료를 상세하게 분석해 보여줄 수는 없지만, 이 연구의 출발점이 된 영국 해군의 세입 세출 예산 자료를 살펴보는 일은 독자들에게도 매우 흥미로우리라 생각한다. 해군 본부를 연구 대상으로 선택한 까닭은 상무부 같은 곳보다는 각자의 역할을 측정하기가 쉽기 때문이다(변수는 사람 수와 군함의 무게뿐이다).

그러면 몇 가지 수치를 살펴보자. 1914년 영국 해군에는 장교와 사병이 14만 6,000명, 해군 공창工廠(함정을 제조, 수리하는 공장 - 편집자) 관리자와 사무원이 3,249명, 공창 근로자들이 5만 7,000명 있었다. 그런데 1928년에 장교와 사병이 10만 명, 공창 근로자가 6만 2,439명으로 큰 변동이 없는 데 반해 공창 관리자와 사무원은 4,558명으로 늘어났다. 함정은 20척이 채 안 되어 1914년 62척의 3분의 1에도 미치지 못하는 상황이었는데 말이다.

그 기간 동안 해군 본부의 관리자는 2,000명에서 3,569명으로 늘어 (이미 언급했듯이) '거대한 지상 해군'을 만들어냈다. 이 수치를 표로 나타내면 증감률을 보다 분명하게 알 수 있을 것이다(〈표 1〉 참조).

| 표 1 | **영국 해군 본부 통계**

(단위: 대/명)

연도	주력 함정 수	장교와 사병 수	공창 근로자 수	공창 관리자와 사무원 수	해군 본부 관리자 수
1914	62	14만 6,000	5만 7,000	3,249	2,000
1928	20	10만	6만 2,439	4,558	3,569
증감률	−67.74%	−31.5%	+9.54%	+40.28%	+78.45%

당시에는 전투에 투입될 수 있는 인원과 오직 행정 업무에만 관여하는 인원 간의 비율에 대해 비판에 쏟아졌지만 사실 이러한 비교는 별 소용이 없다. 그보다 1914년에 2,000명이었던 관리자 수가 1928년에 3,569명으로 늘어났는데, 이는 업무량의 증가와 아무런 관련이 없다는 사실에 주목해야 한다.

같은 기간 동안 해군 병사는 3분의 1, 함대는 3분의 2가 축소되었다. 게다가 1922년 워싱턴 해군 협정Washington Naval Agreement으로 함정 수가 제한되어 해군 인원의 증가를 기대할 수도 없었다. 그럼에도 14년 동안 해군 본부의 관리자 수는 약 7%나 증가했다. 첫해와 비교해볼 때 연간 5.6%씩 증가한 셈이다. 하지만 실제로는 증가율이 이처럼 고르지 않다. 이보다 지금 우리가 고려해야 할 것은 주어진 기간 동안 늘어난 비율이다.

공무원 총수의 증가에 대해 말할 때 이러한 증가를 지배하는 어떤 법칙을 가정하지 않고서는 달리 설명할 길이 없다. 이에 대해 어떤 이들은 우리가 설정한 기간이 해군의 전투력이 급격히 발전하던 시기라고 반박한다. 실제로 이 기간에는 비행기를 타는 일이 더 이상 특별한 행위로 인식되지 않았으며, 전기 장비가 급격히 늘어났을 뿐 아니라 정교해졌다. 또한 잠수함의 존재가 공공연한 사실로 받아들여지던 시기였다. 눈으로 보기 전에는 믿기 어려운 기계를 척척 만들어내는 기술 장교들도 더 이상 특별하지 않고 평범한 사람으로 보이던 때였다.

이와 같은 혁명적 시기에는 창고 관리인이 들여놓는 물품도 예전보다 훨씬 정교해졌을 것이다. 그래서 근로자도 많이 필요하고 설계자와 기술자, 과학자도 더 많아졌으리라 추정할 수 있다. 하지만 이 점을 인정한다 하더라도 공창 관리자가 40% 증가할 동안 해군 본부의 관리자가 80% 가까이 증가했다는 것은 납득하기 어렵다. 말하자면 공창에 새 현장 감독이나 전기 기술자가 들어올 때마다 런던 한복판에 있는 해군 본부에서는 2명의 사무원을 고용한 셈이다.

이 자료를 보고 실제로 유용한 인원(이 경우 수병)은 31.5% 감소한 반면 행정 직원의 증가율은 기술 직원 증가율의 2배가 된다고 잠정적으로 결론지으려 할지도 모르겠다. 그러나 통계학적으로 31.5%는 아무 의미가 없는 숫자다. 아마 수병이 한 사람도 없더라도 행정 직원 수는 똑같은 비율로 증가했을 것이다.

이어서 1935년에 8,118명이던 해군 본부의 직원 수가 1954년에는 3만 3,788명으로 늘어난 일에 대해서도 살펴보자. 대영 제국이 쇠퇴하던 시기의 식민성은 더 유용한 자료를 제공한다. 해군 관련 통계 자료에는 해군 항공대 같은 항목이 포함되어 있어서 기준 연도와 다음 연도를 단순 비교하기 어려운 난점이 있다. 하지만 식민성은 순수하게 행정 직원으로만 구성되어 있기 때문에 분석 자료로서의 가치가 크다. 식민성 직원에 대한 통계 자료를 살펴보면 〈표 2〉와 같다.

이 자료를 분석하기 전에 우선 식민성의 임무가 20년간 끊

| 표 2 | **영국 식민성의 행정 직원 수**

(단위: 명)

연도	1935	1939	1943	1947	1954
인원	372	450	817	1,139	1,661

임없이 변화되었다는 사실을 상기시켜야 한다. 식민성이 관할하던 식민지는 1935~1939년에 범위나 인구 면에서 큰 변화가 없었다.

그러나 그 후 1943년까지 식민지가 크게 줄어들었고 몇몇 지역은 적에게 넘어갔다. 1947년까지 일시적으로 다시 늘어나기도 했지만 이후에는 식민지들이 속속 자치 정부를 수립하면서 식민성의 관할 지역은 꾸준히 줄어들었다. 이처럼 대영 제국의 규모가 변했으니 중앙 행정부의 규모도 그에 따라 변하는 것은 당연하다.

그럼에도 불구하고 〈표 2〉에서 알 수 있듯이 식민성 직원 수는 갖가지 상황 속에서도 꾸준히 증가했다. 전체 공무원의 증가율을 감안하더라도 식민성 직원의 증가 수치는 제국의 규모, 심지어 식민지의 존속 여부와도 아무 관련이 없었다.

그러면 증가율은 얼마나 될까? 편의를 위해 제2차 세계 대전 기간 동안 직원이 급격히 늘어났다는 정황은 무시하고, 평화 시기의 증가율에 주목해보자. 식민성 직원은 1935~1939년에 5.24% 그리고 1947~1954년에 6.55% 증가했다. 즉 평균 5.89%씩 증가한 셈이다. 이 수치는 1914~1928년에 해군 본부 관리가 매년 5.6% 증가한 것과 매우 흡사하다.

이러한 종류의 글에서 보다 정밀한 통계학적 분석을 시도하는 일은 적절하지 않아 보일지 모르겠다. 그렇지만 어떤 고위 간부가 처음 임용된 때부터 그를 보좌하는 2명 이상의 부하 직원을 임명할 때까지의 기간 정도는 잠정적으로 확정하는 게 좋다.

순수한 인원 축적 문제를 해결하기 위해 지금까지 연구해 온 바에 의하면 조직의 인원은 매년 평균 5.75% 증가한다. 이것이 사실이라면 파킨슨의 법칙을 수식으로 표현하는 일이 가능해진다. 다시 말해 전쟁과 직접 관련이 없는 공공 행정 부서는 다음 공식에 따라 증가한다.

$$x = \frac{2k^m + l}{n}$$

여기서 k는 부하 직원을 임용함으로써 승진하고자 하는 간부 수를 뜻하고, l은 처음 임용되어 퇴직할 때까지의 기간을 나타낸다. m은 한 부서 내에서 어떤 사람이 기안을 작성하는 데에 걸리는 시간을 나타내고, n은 효과적으로 관리되고 있는 단위 집단 수를 뜻한다. 그리고 x는 매년 새로 고용해야 할 직원 수를 나타낸다. 물론 수학에 밝은 사람이라면 증가율을 알기 위해 x에 100을 곱한 다음 전년도 직원 총수로 나누어야 한다는 점을 알 것이다. 이를 수식으로 나타내면 다음과 같다.

$$\frac{100(2k^m + l)}{yn}\ \%$$

여기서 y는 전년도 직원의 총수를 뜻한다. 이 수식에 따르면 (하는 일이 있을 경우) 업무량의 변화와는 아무 상관없이 5.17~6.56% 사이의 결과를 얻는다.

▌파킨슨의 법칙은 과학이다

물론 이러한 공식과 이의 근거가 되는 일반 원칙들은 정치적으로 무가치하다. 이 글에서 정부 부서의 규모를 확대하는 것에 의문을 제기하려는 의도 따위는 전혀 없다. 완전 고용을 창출하기 위해서는 규모의 확대가 필수적이라 생각하는 사람들도 자신의 의견을 주장할 수 있다. 이와 반대로 서로의 초안을 돌려 읽는 것이 경제 안정의 초석을 다지는 일이라는 생각에 의문을 품는 사람들도 그들의 의견을 주장할 권리가 있다. 이 시점에서 간부와 부하 직원 사이의 양적 비율을 조사하는 일은 시기상조일지 모른다.

하지만 만약 최대 비율이라는 것이 존재한다면 이 공식을 활용해서 조직의 인원이 언제 최대치에 도달하는지 쉽게 알 수 있을 것이다. 당연히 이 예측 또한 정치적으로는 아무런 가치가 없다. 파킨슨의 법칙은 순수한 과학적 발견이며 이론이 아닌 현실 정치와 상관이 없다는 사실은 아무리 강조해도 지나치지 않다. 마치 잡초를 박멸하는 일이 식물학자의 소관이 아닌 것처럼 말이다. 식물학자는 그저 잡초가 얼마나 빨리 자라는지만 말해주면 된다.

2장

개인의 판단 의지

의회의 의사 결정 과정

조직 특히 거대 조직의 의사 결정 과정은 합리적인 분석과 판단을 토대로 이루어진다고들 생각하기 쉽다. 하지만 여기서는 영국 하원의 의사 결정 과정을 예로 들어 주요 정책이 실제로는 무지로 인한 휩쓸림과 맹목적인 추종 끝에 결정된다는 것을 보여주려 한다. 우리나라의 정치 현실과 너무나 유사한 영국 하원 의사당에서 일어나는 2개 파벌의 의사 결정 구조를 보면 씁쓸함을 감출 수 없다. 의원뿐만 아니라 의사 결정을 내려야 할 중요한 위치에 있는 사람들의 판단 의지는 조직에 큰 영향을 미친다.

영국과 프랑스의 의회 제도는 너무나 달라 마치 유래가 전혀 다른 두 집회를 보는 것 같다. 이러한 차이는 주로 좌석 배치 방법에서 비롯된 것이지 일반적으로 떠올리는 국가의 기질과는 아무 관련이 없다.

좌석 배치가 의사 결정을 좌우한다

영국 의원들은 팀 경기에 참여하는 사람들 같다. 그들은 상대와는 뭔가 다른 일을 하겠다는 정신으로 무장하고 하원 회의장에 들어선다. 그들은 아마 골프나 테니스를 칠 수 없을 때 비슷한 규칙을 적용하여 정치를 즐길지도 모른다. 만약 이러한 장치가 없었다면 영국 의회는 정말 재미없는 곳이 되었을 것이다. 영국 의회는 본능적으로 2개의 적대적인 팀으로 나누어져 주심과 부심의 주재하에 지쳐 쓰러질 때까지 논쟁을 벌인다.

하원 회의장이 양쪽으로 확실히 구분되어 있기 때문에 의원들은 어떤 논쟁이 오가는지 알기도 전에 가끔은 논쟁의 주제가 뭔지 알기도 전에 어느 한쪽 편을 들게 된다. 그들은 하원이 되면서부터 이와 같은 훈련을 받으며 항상 자기편을 위해 싸워야 했지만 대신 덕분에 지나친 정신적 수고를 면할 수 있었다. 심지어 연설이 끝날 즈음 슬쩍 자리에 앉더라도 그다음에 어떻게 논쟁을 이어가야 할지 본능적으로 알고 있다.

연설자가 같은 편이라면 그는 "들어봅시다. 일단 끝까지 들어보자고요!"라고 말하고, 반대편 사람이라면 "부끄럽지도 않아요?"라고 하거나 그저 "저런, 세상에!"라고 대꾸만 하면 된다. 일단 이렇게 논쟁을 부추기고 난 다음 옆 사람에게 어떤 이야기를 하고 있는지 물어보아도 된다. 아니, 사실은 이럴 필요조차 없다. 그는 어떤 일이 있어도 자신의 목적을 달성하는 방법을 확실히 알고 있다. 반대파는 무조건 틀렸고 그들이 하는 말은 전부 헛소리에 불과하다. 반면 같은 편 사람들은 식견 있는 정치인들로서 그들의 말은 지혜롭고 설득력이 있으며 적절하다고 믿는다.

그가 정치학 공부를 해로에서 했는지 애스턴 빌라에서 했는지는 전혀 중요하지 않다. 어느 학교에서든 언제 박수갈채를 보내거나 언제 불평불만을 쏟아내야 하는지 정도는 배울 수 있기 때문이다. 하지만 영국 하원의 시스템은 교육이 아니라 전적으로 좌석 배치에 달려 있다는 것을 명심하라. 좌석이 서로 마주 보도록 배치되어 있지 않다면 사람들이 하는 말을 전부 다 귀담아듣지 않는 한 어느 누구도 수많은 헛소리 가운데에서 진실을 가려낼 수 없을 것이다. 그리고 이러한 논쟁 중 태반이 말도 안 되는 것이라 실제로 말을 죄다 귀담아듣는다는 것 자체가 바보 같은 일이다.

프랑스 의회의 실수는 모든 의원이 한곳을 보도록 반원 형태로 좌석을 배치한 데에 있다. 이제 어떤 일이 벌어질지는 쉽게 예상할 수 있다. 현실적으로 반대편이라는 게 형성될 수 없으며 (귀담아듣지 않는 한) 누구도 어느 쪽의 주장이 좀 더 설득력 있다고 말할 수 없다.

더 큰 문제는 미국도 받아들이기를 거부한 길고 지루한 절차다. 프랑스의 의회 체제는 언어학적 문제가 생기지 않았을 때마저 형편없다. 두 편으로 나누어 한쪽은 무조건 옳고 다른 쪽은 그르다고 주장함으로써 문제를 처음부터 명확하게 만들기는커녕, 프랑스의 의회 제도는 사방에서 각자의 의견을 주장하는 여러 팀을 양산한다. 이토록 혼란스러운 마당에 경기가 제대로 시작될 리 없다.

기본적으로 각 정파의 대표들은 어디에 앉느냐에 따라 우파와 좌파로 구분된다. 이는 확실히 도식적인 구분이다. 프랑스 의원들은 알파벳 순서에 따라 앉지 않는다. 반원 형태의 의회에서는 왼쪽과 오른쪽의 다양한 각도에 따라 미묘한 차이가 나타나기 때문에 영국처럼 좌파와 우파가 확실하게 구분되지 않는다.

켈크쇼즈Quelque chose의 오른쪽에 주로 앉던 한 의원이 이번엔 앙텔Untel의 왼쪽에 앉았다는 사실이 보도되었다고 하자. 누가 이 사실에서 뭔가를 얻고자 하겠는가? 우리는 우리말로 옮겨가면서까지 여기서 얻으려 하는 게 있는가? 또 그들에게는 무슨 의미가 있겠는가? 대답은 '아무것도 없다'이다.

좌석 배치를 이용해 부동표 흡수하기

앞서 언급한 내용은 일반적으로 알려져 있는 사실이다. 하지만 국제적·지역적 단위에서 열리는 미팅과 회의에서의 좌석 배치 방식이 얼마나 중요한지에 대해서 인식하는 사람은 아직 많지 않은 것 같다. 테이블에 앉는 방법 또한 마찬가지이다. 정사각 테이블에서 회의할 때와 직사각 테이블에서 회의할 때 완전히 다른 결과가 나올 수 있다. 이처럼 테이블의 차이는 단순히 테이블의 길이와 회의의 신랄한 분위기에만 영향을 미치는 것이 아니라 회의의 결과에도 영향을 미친다.

알다시피 가끔은 표결에 따라 가부가 결정되기도 한다. 최종 결정을 내리는 결정적 순간에 우리는 종종 신경 쓸 필요가 없는 갖가지 요인의 영향을 받는다. 그렇지만 결국에는 중도파의 투표에 의해 어느 쪽으로든 결론이 난다. 물론 중도파가 성장할 수 없는 하원에서는 이 효과를 기대하기 어렵지만, 다른 회의에서는 중도파 사람들이 가장 중요하다. 중도파가 힘을 발휘하려면 다음과 같은 사람들이 의회에 반드시 있어야 한다.

첫째, 기존의 외교 각서 중 한 가지에도 정통하지 못하면서 모든 회의 참석자를 만나는 데에만 시간을 쓰는 사람들.

둘째, 너무 아둔해서 회의 진행을 전혀 따라가지 못하는 사람들. 이 사람들은 대개 "무슨 소리를 하는 거야?"라며 불평을 늘어놓는다.

셋째, 제대로 못 듣는 사람들. 이들은 손으로 귀를 막고는 "더 크게 말해주세요."라고 투덜거린다.

넷째, 전날의 과음으로 깨질 듯한 머리를 부여잡고 어떤 결정이 나든 상관하지 않는 사람들.

다섯째, 이 자리에 참석할 수 있다는 것 자체를 뿌듯해하는 사람들. 이들은 실제로 젊은 사람들보다 훨씬 건강해 보인다. "여기까지 걸어왔어요." "82세치고는 꽤 훌륭하지 않아요? 그런데 다들 지금 뭐라고 하는 거예요?"라고 소곤거리며 서로 격려를 아끼지 않는다.

여섯째, 양쪽 모두에게 어설프게 지지를 약속해놓고 어떻게 해야 할지 몰라 쩔쩔매는 나약한 사람들. 이 사람들은 종종 기권을 할지, 아프다는 핑계를 댈지 고민한다.

중도파의 표를 얻으려면 우선 거기에 속한 사람들이 누구인지 파악해야 한다. 그다음 할 일은 그들이 어디에 앉는지 알아내기만 하면 된다. 가장 좋은 방법은 확실한 지지자들에게 자초지종을 설명하고 회의가 시작되기 전에 중도파 사람들과 대화하도록 부탁하는 것이다. 이때 처음부터 논쟁의 주요 쟁점에 대해 언급하지 않도록 주의한다. 중도파 사람들을 자연스럽게 끌어들이려면 다음과 같은 여섯 가지 방법으로 이야기를 시작하는 것이 좋다.

첫째, "장담하건대 이 문서를 만드는 건 시간 낭비예요. 나도 예전에는 시간의 대부분을 이렇게 날리곤 했어요."

둘째, "우리는 아마 얼마 못 가서 저 사람들 때문에 질식해버릴 겁니다. 사람들이 말을 좀 줄이고 핵심만 이야기했으면 좋겠어요. 저 사람들은 너무 자기들만 잘났다니까요."

셋째, "이 회의장에 울리는 소리가 정말 경악스럽지 않습니까? 과학자인지 뭔지 하는 사람들이 뭐라도 조치를 취해야 한다고 생각해요. 난 30분만 지나면 무슨 말이 오가는지 통 들리지가 않아요. 안 그렇습니까?"

넷째, "이렇게 불쾌한 장소에서 회의라니! 나는 환기 장치에 무슨 문제가 있는 줄 알았어요. 정말 거북하네요. 그렇지 않습니까?"

다섯째, "세상에나, 도대체 어떻게 된 겁니까? 아침에 뭘 드신 거예요?"

여섯째, "두 쪽 다 할 말이 너무 많은 것 같아서 어디를 지지해야 할지 모르겠습니다. 당신은 어떻게 생각하십니까?"

만일 이 방법이 제대로 먹혀들었다면 이제 각 지지자들은 실질적인 대화로 들어가서 토론의 중심으로 상대를 몰고가야 한다. 다른 지지자들도 여기저기에서 공작을 벌이고 있다. 말문을 트는 최선의 방법에 대한 구체적인 예를 들어보려 한다.

지지자 X('끈기 씨')는 중도파 Y(여섯 번째 유형에 속하는 '갈팡질팡 씨')를 회의장 앞쪽의 자신과 가까운 곳에 앉도록 유인할 것이다. 또 다른 지지자 Z('충실 씨')는 이미 '끈기 씨'에게 동화된 다른 두 사람을 데리고 남들이 눈치채지 못하게 자리에 앉아 있다. '충실 씨'는 몸을 돌려 맞은편의 누군가에게 손을 흔든다. 그다음 몸을 숙여 앞자리 사람에게 뭔가를 이야기한다. '갈팡질팡 씨'가 자리에 앉을 때 '충실 씨'는 그를 향해 "아이고, 반갑습니다."라고 한다. 그리고 잠시 후 '끈기 씨'를 발견하고는 짐짓 놀란 눈치로 "안녕하세요, 끈기 씨. 이쪽으로 오실 줄은 몰랐습니다. 몸은 좀 어떠신지요?"라는 말을 건넨다. 그러면 '끈기 씨'는 "이제 다 나았습니다. 그냥 감기였어요."라고 대답한다. 이러한 대화를 통해 우연히 친한 사람들끼리 앉은 것처럼 보이도록 좌석 배치를 형성한다. 이로써

1단계가 완료된다.

2단계는 개인의 특성을 고려해야 하므로 다양한 방법이 도출된다. '갈팡질팡 씨'의 경우 쟁점에 대해서는 아무 말도 하지 말고 이미 모든 게 결정된 것 같은 분위기를 연출해야 한다. '갈팡질팡 씨'는 앞자리에 앉았기 때문에 다른 사람들의 반응을 확인할 수 없으며, 실제로도 모든 사람들이 비슷한 생각을 가지고 있다는 인상을 받는다.

'끈기 씨'는 이렇게 말할 것이다. "제가 굳이 나와야 하는 이유를 모르겠습니다. 아마도 4번이 꽤 많은 표를 얻을 것 같던데요. 제가 아는 사람들은 전부 거기에 표를 던질 생각인 것 같더군요(때에 따라서는 '반대한다'고 말한다)."

그러면 '충실 씨'가 이렇게 대꾸한다.

"그것 참 신기하네요. 저도 똑같은 말을 할 참이었는데. 확실히 그 문제는 의심의 여지가 거의 없죠."

'끈기 씨'가 다시 말을 받는다.

"사실 저는 결정을 아직 못했습니다. 양쪽 의견이 만만치 않아서요. 그래도 역시 반대를 위한 반대는 시간 낭비일 것 같네요. 갈팡질팡 씨는 어떻게 생각하십니까?"

그러면 '갈팡질팡 씨'는 "글쎄요, 조금 난감한 질문이네요.

그러니까 저…… 제안에 동의할 이유는 충분한 것 같고…… 반대할 근거는, 그러니까…… 그나저나 그 안건이 통과될까요?"라고 얼버무린다.

이때 "갈팡질팡 씨, 이 문제에 대해서는 당신 판단을 따르는 게 좋을 것 같군요. 방금 그 안에 동의한다고 말씀하신 거죠?"라고 '끈기 씨'가 반문한다.

"아, 제가 그랬습니까? 글쎄요, 그게 다수의 생각인 것 같습니다……. 그러니까 제가 하려던 말은……."

'갈팡질팡 씨'가 말을 채 끝내기도 전에 이번에는 '충실 씨'가 이렇게 못을 박는다. "의견 고맙습니다. 제 생각도 같습니다만, 갈팡질팡 씨 역시 그리 생각하신다니 기쁘군요. 갈팡질팡 씨의 의견만큼 제가 중요하게 생각하는 게 또 어디 있겠습니까?"

그 사이 '끈기 씨'는 고개를 돌려 뒤쪽에 앉은 사람과 이야기를 나눈다. 그는 목소리를 낮추고 이렇게 말한다. "부인께서는 좀 어떠십니까? 퇴원은 하셨습니까?" 하지만 이야기를 끝내고 몸을 돌려 앉은 다음 뒤쪽에 있는 사람들도 전부 같은 생각이더라고 말한다. 충분히 통과될 수 있는 좋은 안이라는 것이다. 이처럼 계획대로 차질 없이 진행된다면 결과도 그렇게 될 것이다.

한쪽이 고도의 계략으로 중도파를 2명의 확실한 지지자 사이에 앉혀놓고 꼼짝 못하게 만드는 데에 전념하는 동안, 반대파들은 연설을 준비하고 수정안에 대해 설명하느라 바쁘다. 그러나 결정의 순간이 오면 갈등하던 사람들은 옆 사람이 이끄는 대로 손을 들 수밖에 없다.

이 밖에 실제로 가끔 있는 일인데, 거수할 때 네 번째, 다섯 번째 유형의 중도파 사람들에게 깜빡 잠이 든 사람이 있을 경우 오른쪽에 앉아 있는 사람이 대신 손을 들어주기도 한다. 오른쪽 사람이 손을 드는 이유는 잠든 사람의 양손이 모두 올라가는 것을 방지하기 위해서다. 이렇게 중도파의 지지를 확보하면 그 안은 여유 있게 통과될 것이다. 물론 누가 보아도 당연히 반대해야 하는 안일 경우에는 실패할 가능성도 있지만 말이다.

▌중도파를 끌어들이는 기술

이것으로 우리는 사람의 의지로 결정되는 정치적 논쟁에서는 중도파가 결과를 좌우한다는 사실을 알 수 있었다. 아울러 연설도 시간 낭비이며, 어떤 안건에 대해 한쪽 당이 동의하면 다른 당은 절대 동의하지 않는다는 사실도 알 수 있었다.

남은 세력은 사람들의 말을 들을 수 없는 사람들과 말을 들어도 무슨 뜻인지 모르는 사람들로 대표되는 중도파다. 이들의 표를 얻기 위해서는 먼저 어느 쪽으로든 투표할 중도파의 표본을 조사해야 한다. 중도파의 마음은 사소한 일로도 쉽게 움직인다. 중도파의 표를 계획적으로 끌어들일 수만 있다면 이보다 더 좋을 수는 없을 것이다.

3장

예산과 회의 시간의 상관관계

사람들의 관심이 사라지는 지점

여기서는 재정 위원회의 예산 심의 과정을 소개하며 상식이 중요 정책을 결정할 때 어떻게 반영되는지 보여준다. 조직 운영의 전반을 이해하지 못하는 무지한 사람들은 전체 안건 중 일부분만을 진지하게 논의하고, 나머지는 사소한 것으로 무시하거나 몇몇 사람들의 주장을 비판 없이 수용한다. 이로 인해 엄청난 예산과 중요한 안건이 비상식적으로 처리되어 엉뚱한 결과를 낳는다. 조직과 개인의 무지와 무관심이 어떤 결과를 낳는지 그리고 나와 내 조직은 어떤지 생각해볼 문제다.

규모가 큰 재정을 이해하는 사람은 대개 두 부류다. 어마어마한 돈을 가지고 있는 사람과 돈이 하나도 없는 사람이 그것이다. 백만장자에게는 100만 달러가 실제로 존재하므로 100만 달러라는 돈이 쉽게 이해된다. 반면 가난한 응용 수학자나 경제학 강사들은 하다못해 1,000달러도 만져본 일이 드물기 때문에 100만 달러나 1,000달러나 똑같이 큰돈으로 느껴진다. 세상은 이 두 부류의 중간, 즉 100만 달러에 대해서는 아무것도 모르지만 1,000달러에 대해서는 일가견이 있는 사람들로 가득 차 있다.

대부분의 재정 위원회 위원들도 사정은 마찬가지다. 이들은 관찰을 하되 깊이 연구하지는 않는 우리 사회의 단면을 보여준다. 이 현상을 '사소한 것에 대한 관심의 법칙Law of Triviality' 이라고도 부른다. 사소한 것에 대한 관심의 법칙의 핵심은 한 안건을 논의하는 시간은 그 안건에 포함된 예산액에 반비례한다는 것이다.

▌논의 시간은 안건 순서가 아니라 액수에 좌우된다

앞의 언급을 다시 생각해보니 사소한 것에 대한 관심의 법칙이 제대로 연구되지 않았다는 말은 사실이 아닌 것 같다. 그보다는 연구를 한 적은 있으나 연구자들이 엉뚱한 문제에 매달리느라 아무 결론도 내지 못했다는 말이 더 정확하다. 연구자들은 주로 안건을 다루는 순서에 초점을 맞추었다. 그들은 사람들이 1~7번 안건을 처리하는 데 주어진 시간의 대부분을 써버리고 나머지 안건에 대해서는 자동으로 통과시킬 것이라 확신했다. 이러한 확신의 결과가 어떠했는지는 잘 알려져 있다.

세간의 비웃음을 샀던 구겐하임 박사의 강의는 당시로서는 지나친 발상으로 보였을 것이다. 하지만 더 큰 문제는 이후 진행된 모든 논의가 구겐하임 박사에 대한 비판을 강화하는 데에만 집중되었다는 점이다. 이 때문에 논의의 기본 가정 자체가 틀렸다는 사실을 파악하기까지 여러 해가 걸렸다. 이제 우리는 최소한 그들의 논의가 지금까지 인식되었던 것만큼 중요하지는 않다는 것을 알고 있다. 사실 구겐하임 박사는 속옷 차림이나 매한가지인 준비 상태로 발표를 해놓고 무사히 강연장을 빠져나간 것만으로도 다행이라 여겨야 한다. 구겐하임 박사는 9월에 열리는 다음 회의까지 연구를 심화시키지도 않은 채 불충분한 결론을 발표했다. 때문에 조롱보다 더 심한 일을 당할 수도 있었다. 결과적으로 그는 고의로 사람들의 시간을 낭비하게 만들었기 때문이다.

따라서 계속 조사를 하려면 일단 지금까지의 연구 결과는 완전히 무시해야 한다. 즉 처음부터 다시 시작해서 재정 위원회가 실제로 운영되는 방법을 완전히 파악해야 한다. 사람들의 이해를 돕기 위해 재정 위원회의 활동을 연극 형식으로 그려보자.

의장 이제 9번 안건으로 넘어갑시다. 맥페일 회계원이 보고하겠습니다.

맥페일 원자로에 대한 평가는 의장님께도 이미 제출했고, 분과 위원회 보고서의 '부록 H'에도 첨부되어 있습니다. 전반적인 설계와 구조는 맥피션 교수의 승인을 받았습니다. 총비용은 1,000만 달러에 이를 것으로 예상됩니다. 시공사인 맥냅앤드맥해시는 1959년 4월 무렵 작업이 완료될 것으로 내다보고 있습니다. 하지만 고문으로 있는 맥피 씨는 아무리 빨라도 10월 이전에는 끝내기 어렵다고 경고했습니다. 부지의 하부에 말뚝 공사를 하는 게 좋겠다고 조언한 저명한 지구 물리학자 맥힙 박사도 맥피 씨의 의견에 동의했습니다. 주 건물에 대한 계획은 '부록 4'를 참조하십시오. 청사진은 테이블 위에 있습니다. 위원 여러분이 원하신다면 어떤 정보라도 기꺼이 제공하겠습니다.

의장 수고하셨습니다, 맥페일 씨. 계획에 대한 명쾌한 설명 고맙습니다. 이제 위원 여러분들의 의견을 들어보기로 하겠습니다.

여기서 잠시 위원들이 어떤 의견을 가지고 있을지 생각해보자. 서기를 제외하면 이 위원회의 인원수는 의장을 포함하여 모두 11명이다. 이들 중 의장을 포함한 4명은 원자로가 무엇인지 잘 모른다. 나머지 사람들 중 3명은 그것이 어디에 쓰이는지 모른다. 위원회에서 단지 이삭슨과 브릭워스만이 원자로에 대략 어느 정도의 비용이 드는지 알고 있다. 그러니 이 2명 중 누군가가 무슨 말이든 해야 할 상황이다. 먼저 이삭슨이 말문을 열었다.

이삭슨 의장님, 저는 시공사와 고문이 좀 더 믿을 만한 곳이었으면 좋겠습니다. 처음부터 레비 교수를 초빙하고 다윗앤드골리앗과 계약했다면 사업 계획이 더 만족스러웠을 거라고 생각합니다. 거기다 다니엘 장관이 공사가 지연될 가능성을 어설프게 예측하는 바람에 아까운 시간만 낭비했습니다. 모세 불러시 박사도 말뚝 공사가 필요한지 아닌지를 분명하게 말했어야 했습니다.

의장 일이 원만히 추진되기를 바라는 이삭슨 씨의 염려에 감사드립니다. 하지만 제 생각에는 이제 와서 새로운 기술 고문을 두는 것은 조금 늦지 않았나 싶습니다. 물론 주 계약이 성사되어야 하겠지만 이미 쏟아부은 돈도 만만치 않거든요. 지금까지 비용을 써가며 구했던 조언을 무시한다면 그만큼의 돈을 다시 지불해야 합니다.

(위원들이 웅성거리기 시작한다.)

이삭슨 제 판단을 믿어주시기 바랍니다.

의장 브릭워스 씨는 이 문제에 대해 하실 말씀이 없습니까?

여기서 브릭워스가 어떤 발언을 할지는 아무도 모른다. 하지만 브릭워스가 어떤 말을 하든 그의 발언은 매우 중요하다. 그는 1,000만 달러라는 액수를 미심쩍은 눈으로 바라보고 있다. 왜 그렇게 많은 돈이 필요한지, 새로운 발전 공간을 확보하기 위해 예전 건물을 허물 필요가 있는지, '임시 비용'으로 그렇게 큰 액수를 책정해야 하는지 등 의심스러운 게 한두 가지가 아니었다. 거기다 맥힙이라는 사람은 또 누구인가? 혹시 작년에 티클앤드드라이업 석유 회사가 고발한 사람은 아닐까?

하지만 브릭워스는 어디서부터 이야기를 풀어야 할지 몰랐다. 청사진에 대한 말을 하려 해도 다른 위원들이 청사진을 볼 줄 몰랐다. 그렇다고 원자로에 대해 설명하면서 발언을 이어나가자니 사람들이 자신들을 무시한다고 화를 낼 것 같았다. 그는 차라리 아무 말도 하지 않는 편이 낫겠다고 판단했다.

브릭워스 의견 없습니다.

의장 그럼 다른 분들의 의견은 어떻습니까? …… 좋습니다. 그러면 계획안과 예산안이 승인된 것으로 봐도 되겠습니까? …… 고맙습니다. 그럼 이제 위원회를 대표해서 계약서에 서명해도 될까요? (위원들이 기어들어가는 목소리로 동의한다고 말한다.) 감사합니다. 그럼 10번 안건으로 넘어가도록 하겠습니다.

서류를 넘기고 설계도를 펼치는 데에 든 몇 초를 제외하면 9번 안건에 대해 논의하는 데에 걸린 시간은 고작 2분 30초밖에 되지 않았다. 회의는 원활하게 진행되었지만 위원들 중에는 9번 안건을 꺼림칙하게 생각하는 사람도 분명히 있었다. 그들은 자신이 맡은 역할을 다했는지 마음속으로 고민했다. 원자로에 대한 말을 다시 꺼내기에는 너무 늦었지만 그들은 회의가 끝나기 전에 자신이 진행 안건을 모두 이해하고 있다는 사실을 어떻게든 알리고 싶었다. 그래서 발언이 많아졌다.

의장 10번 안건. 사무원 전용 자전거 보관소. 버저앤드우두웜에서 2,350달러짜리 견적을 냈군요. 여러분 앞에 계획안과 명세서가 놓여 있을 겁니다.

소프틀레이 그렇군요. 하지만 견적이 지나치게 많이 나온 것 같은데요. 지붕을 알루미늄으로 마감하는 것으로 되어 있는데 이러면 석면으로 할 때보다 싸야 하지 않나요?

홀드패스트 저도 일차적으로 소프틀레이 씨의 말씀에 동의합니다. 하지만 제가 보기에는 아예 지붕을 양철로 만드는 편이 나을 것 같습니다. 그러면 2,000달러 이하의 비용으로 지을 수 있을 것 같은데요.

다링 의장님, 제 생각은 좀 다릅니다. 저는 이 시설이 정말 필요한 것인지 의문이 듭니다. 우리는 직원의 편의를 너무 많이 봐주고 있어요. 직원들은 절대 만족하는 법이 없습니다. 이러다가 다음엔 차고를 지어달라고 할지 누가 알겠습니까?

홀드패스트 아뇨, 저는 다링 씨 의견에 반대합니다. 보관소는 필요합니다. 문제는 자재인데, 그 비용이……

논쟁은 정당하게 이루어졌다. 누구나 2,350달러가 어느 정도의 돈인지 가늠할 수 있다. 그리고 자전거 보관소도 누구나 아는 것이다. 그래서 논의는 45분간 계속되었고 300달러 정도를 줄이는 것으로 결론이 났다. 위원들 모두가 느긋하게 앉아 성취감을 만끽했다.

의장 11번 안건. 조인트 웰페어 위원회의 회의 때 제공하는 간식. 매달 4.75달러.

소프틀레이 어떤 간식이 제공됩니까?

의장 아마 커피일 겁니다.

홀드패스트 그러니까 연간 57달러 정도가 지출된다는 말이군요.

의장 그렇습니다.

다링 글쎄요, 의장님. 사실 저는 이게 합당한 건지 잘 모르겠습니다. 언제까지 이런 회의를 계속할 겁니까?

이제는 훨씬 더 신랄한 논쟁이 오간다. 위원회 중에 석면과 양철을 구별하지 못하는 사람은 있을지 몰라도 커피를 모르는 사람은 없다. 누구나 커피가 무엇이고 어떻게 만드는지 그리고 어디서 사야 하는지 정도는 알고 있다. 이번 안건은 1시간 15분은 족히 걸릴 것이다. 그러고 나서 서기에게 좀 더 자세한 정보를 얻기 위해 질문을 퍼붓다가 회의가 끝나고 결국 나머지 안건은 다음 회의로 미루어질 것이다.

이쯤에서 우리는 20달러나 10달러같이 액수가 적은 항목일수록 재정 위원회가 들이는 시간이 길어진다고 결론을 내려야 할까? 정말 그렇게 생각한다면 우리는 무지하다는 비판을 면하기 어려울 것이다.

그보다는 위원들이 애써 고민할 필요를 느끼지 못하는 액수의 한도가 있다고 보는 게 더 타당하다. 그 시점이 되면 회의의 흐름도 전환된다. 우리는 바로 이러한 역전이 일어나는 시점을 규명해야 한다. 50달러에 대한 논쟁(1시간 15분)과 20달러에 대한 논쟁(2분 30초)에서 나타나는 변화는 놀라울 정도다. 변화가 일어나는 정확한 지점을 찾아내는 일은 흥미로울뿐더러 실용적인 가치도 크다. 예를 들어 관심이 사라지는 지점이 35달러라고 한다면, 회계원은 논의에 드는 시간과 노력을 줄이기 위해 62.80달러짜리 안건을 30달러짜리 안건과 32.80달러짜리 안건으로 나누어서 제출할 수 있다.

논의 가능한 액수의 한계는 어디까지인가

여기에서는 관심이 사라지는 수준을 각 위원 개인이 기꺼이 손해를 감수하거나 큰 고민 없이 기부할 수 있을 정도의 액수라고 잠정적으로 생각하기로 하자. 이 기준 액수는 경마장이나 감리교 교회에서 종종 확인할 수 있다. 이에 대해 연구를 계속하다 보면 문제 해결에 한발 더 다가갈 수 있을 것이다.

반면 생각할 엄두를 못 낼 정도로 큰 액수가 얼마부터인지를 알아내는 일은 그리 녹록한 문제가 아니다. 한 가지 분명한 것은 1,000만 달러를 고민하는 데 쓰는 시간과 10달러에 쓴 시간이 똑같을 수도 있다는 사실이다. 물론 그 시간이 반드시 2분 30초인 것은 아니다. 다만 분명한 것은 가장 많은 금액과 가장 적은 금액에 2분~4분 30초의 시간이 똑같이 들어간다는 사실이다.

이 주제는 아직도 연구해야 할 부분이 많지만 충분히 흥미롭고 유용한 문제라는 것만은 확실히 밝혀두고 싶다.

4장

위원회의 인원과
효율성의 상관관계

집단이 비능률에 빠지는 숫자

혹시 정부 내각에 쓸데없이 많은 사람이 고용된 것은 아닐까? 또 정부 조직 안에 있는 수많은 위원회는 무엇을 의미할까? 파킨슨은 모든 위원회와 내각은 20명을 넘으면 운영 불능에 빠진다고 지적한다. 영국 내각의 역사를 볼 때 20명이 넘으면 위원회 내에 핵심층inner circle이 구성되고 나머지 사람들은 들러리로 전락해버린다는 것이다. 파킨슨은 위원회의 유지와 효율성을 위해서는 5명으로 구성되는 것이 이상적이라는 재미있는 대안을 내놓는다. 모종의 혜택을 얻기 위해 이익단체의 대표를 끌어들이거나 회의에 와서 딴청을 피우는 과거 영국 내각의 모습은 오늘날과 거의 다를 바 없다.

위원회의 생명 주기가 현재 지식 체계에서 매우 기본적인 것이라는 점에서 볼 때 그동안 위원회 연구 분야가 그리 주목받지 못했다는 사실에 놀라지 않을 수 없다. 이 학문의 가장 중요하도고 기본적인 원칙은 위원회의 본질이 기계적이라기보다는 유기적이라는 것이다.

위원회는 건축물이 아니라 식물에 가까워 뿌리를 내리고 자라서 꽃을 피운 후 시들어 죽는다. 그러면 다른 위원회가 다시 뿌리를 내리고 꽃을 피운다. 마음속에 이 원칙을 각인하고 있는 사람만이 현대 정부의 구조와 역사를 이해하면서 진보할 수 있다.

현재의 위원회는 크게 두 가지 범주로 나누어질 수 있다. 즉 그곳에 속한 개인 회원이 뭔가를 얻어가는 위원회와 개인이 조직에 공헌해야 하는 위원회가 그것이다. 두 번째 부류의 위원회에는 자신이 정말로 그곳에 헌신하는지 의심하는 위원들이 있기 마련이므로 고려 대상으로는 부적절하다. 그에 비해 결속력이 뛰어난 첫 번째 그룹은 모든 회원에게 원칙을 쉽사리 적용할 수 있어 많은 것을 배울 수 있다. 그중에서도 위원들에게 권한과 명성을 최대한 부여하는 위원회가 가장 뿌리가 깊고 잎도 무성하다.

대부분의 국가에서는 이들 위원회를 '캐비닛cabinet(내각 혹은 위원회)'이라 부른다. 이 장에서는 시간과 공간을 넉넉히 할애하여 국가 캐비닛에 대해 광범위하게 연구할 것이다.

▌위원회는 5명으로 구성되어야 한다

위원회 연구학자와 역사학자 그리고 캐비닛을 임명하는 사람들이 캐비닛에 대해 최초로 세밀히 연구했을 때, 그들은 모두 위원회는 5명으로 구성되는 것이 이상적이라는 결론을 내렸다. 5명으로 구성된 캐비닛은 2명이 동시에 결석하거나 아프더라도 살아 있는 식물처럼 계속 성장할 수 있다. 또한 5명은 모이기도 쉽고, 일단 모이면 긴밀한 관계를 유지하면서 신속하고 효과적으로 행동할 수 있다. 구성원 가운데 4명은 금융·외교·국방·법조계에 정통한 인물이다. 나머지 한 사람은 아무 특기도 없지만 대개 이러한 사람이 의장이나 총리를 맡는다.

그러나 조사 결과 처음에는 편의를 위해 캐비닛을 5명으로 제한했다 하더라도 금세 7명이나 9명으로 늘어나는 것으로 나타났다. 전 세계적으로 거의 예외 없이(룩셈부르크와 온두라스만 예외였다) 캐비닛이 늘어난 이유는 무엇일까? 이에 대해 앞서 제시한 네 분야에 보다 많은 전문 지식인이 필요하기 때문이라는 것이 일반적인 설명이다.

하지만 좀 더 타당한 이유는 따로 있다. 캐비닛이 9명으로 구성될 경우, 대개 3명이 정책을 맡고 2명은 정보를 제공하며 1명은 재정 분야를 맡아 처리한다. 여기에 중립적인 의장을 포함하여 7명을 빼고 나면 2명이 남는다. 언뜻 보기에 2명은 장식물에 지나지 않는 것처럼 보인다. 이와 같은 역할 분담은 1639년 영국에서 처음 목격되었다.

한 조직에 유능하고 말 많은 사람을 3명 이상 두는 어리석은 짓은 이전부터 되풀이된 일이었다. 지금까지 조용한 2명의 역할에 대해서는 연구된 바가 거의 없었다. 그러나 캐비닛의 구성원이 5명에서 9명으로 늘어나 조직이 두 번째 발전 단계를 맞을 때 그 2명이 없으면 캐비닛이 제 기능을 발휘하지 못함은 분명하다. 이제 그 이유를 알아보자.

코스타리카나 에콰도르, 북아일랜드, 라이베리아, 필리핀, 우루과이, 파나마처럼 두 번째 발전 단계에 머물러 있는 캐비닛도 있다. 하지만 그들은 소수 그룹에 불과하다. 그 외에 규모가 큰 국가들의 캐비닛은 일반적인 성장 법칙을 그대로 따르고 있다. 캐비닛의 몇몇 사람들은 전문 지식을 내세워 별 무리 없이 인정받는다.

반면에 나머지는 임명하지 않았을 경우 후환이 두려워 어쩔 수 없이 받아들여야 한다. 방해자들을 모두 의사 결정에 참여시켜야만 그들의 저항을 잠재울 수 있기 때문이다. 그들을 차례로 데려와 선심을 쓰다 보니 회원 수가 금방 10명 내지 20명 정도로 늘어나고, 그렇게 세 번째 단계에 들어선 캐비닛은 심각한 장애에 부딪히고 만다.

당장 눈에 보이는 문제는 회의 장소와 날짜, 시간을 정해서 사람들을 소집하는 일이다. 한 사람이 21일 이후에나 돌아온다는데 다른 위원은 18일에 떠난다고 하고 또 한 사람은 목요일에는 도저히 시간을 낼 수 없다고 한다. 다른 한 사람은 오후 5시 전에는 시간이 없다고 한다. 하지만 이는 시작에 불과하다. 대부분이 회의에 참석했다 하더라도 개중에는 연로하여 회의 진행을 따라가지 못하거나 지겨워하는 사람도 있고 시력이나 청력이 나빠 의사 전달이 불가능한 경우도 있다.

이처럼 회의를 방해할 수 있는 요인은 곳곳에 있다. 더욱이 과거에든 현재에든 도움이 되었거나 혹은 그럴 가능성이 있는 사람은 상대적으로 몇 명 되지 않는다. 대부분의 위원은 아마 외부단체를 끌어들일 목적으로 받아들인 사람들일 것이다. 그러니 이들이 자신의 단체에 무슨 일이 생기는지에만 관심을 두는 것도 당연하다.

비밀은 언제든지 새어나갈 수 있다. 위원들이 기조연설을 준비할 때 위험은 극에 달한다. 회의가 끝나면 문제의 그 사람들이 친구들에게 회의 내용을 떠벌리고 다닐 수도 있기 때문이다. 이러한 말이 퍼져나갈수록 다른 외부단체들은 캐비닛의 대표 자격이 없다고 수군댈 것이다. 그리고 내부에는 분파가 생겨나서 서로 더 많은 세력을 차지하려는 싸움이 시작된다. 이렇게 해서 캐비닛은 최후의 네 번째 단계에 돌입하게 된다.

캐비닛의 회원 수가 20명 내지 22명 정도로 불어나 네 번째 단계에 이르면 전체 구성원은 갑작스러운 구조적 혹은 화학적 변화로 고통을 받게 된다. 그 변화는 쉽게 알아차릴 수 있다. 첫 번째로 5명의 핵심 인물들이 자기들끼리 사전 미팅을 갖는다. 거의 모든 사항이 사실상 사전 회의에서 결정되므로 이름뿐인 집행 위원들은 할 일이 없어진다. 이로써 캐비닛의 확장에 따른 조치가 끝난다. 이제 구성원이 많다고 해서 시간을 낭비하는 일은 없을 것이다.

외부단체들은 대표가 캐비닛의 일원이 됨으로써 일시적으로 만족감을 느끼고, 캐비닛에 참여한다는 것이 얼마나 부질없는 일인지를 이들이 미처 깨닫기 전에 몇 십 년의 세월이 훌쩍 흘러간다. 그 사이에 캐비닛의 문이 활짝 열리고 회원 수는 20명에서 30명으로, 다시 40명으로 계속 늘어난다. 머지않아 1,000번째 회원을 기록할지도 모른다. 이제 회원 수는 아무 문제도 되지 않는다. 캐비닛은 이미 오래전에 진정한 캐비닛이 되기를 거부했고 본연의 기능도 다른 누군가에 의해 유지되고 있기 때문이다.

▍영국 내각의 팽창사

영국 역사상 캐비닛이라는 식물이 4단계의 생명 주기를 다한 경우는 5번 있다. 오늘날의 상원인 영국 왕실 자문단이 5명의 작은 그룹에서 시작되었다는 것은 믿기 어려운 사실이다. 차라리 29~50명의 세습 귀족들이 모여 출발했다는 편이 훨씬 친숙할 것이다. 캐비닛이 확장 일로로 들어서면 권한은 반대로 줄어든다. 상원은 이후 꾸준히 증가하여 1601년 무렵에는 60명, 1661년에는 140명, 1760년에는 220명, 1850년에는 400명, 1911년에는 650명, 1952년에는 850명 정도로 파악되었다.

그렇다면 언제 귀족 계급의 핵심에 내부 위원회가 생겼을까? 이는 1257년 무렵으로 10명 미만으로 구성된 이들은 '국왕 자문 위원'으로 불렸다. 이들은 1378년까지 11명 이하였고 1410년까지도 비교적 소수 인원으로 유지되었다. 그러다 헨리 5세의 집정을 기점으로 규모가 확대되기 시작해서 1433년에 20명이었다가 1504년에는 41명으로 늘어났고, 위원회가 해산될 때에는 172명에 이르렀다.

그다음으로 국왕 자문 위원회 내부에서 초기 회원의 자손

| 표 3 | 영국 내각의 성장

(단위: 명)

연도	1740	1784	1801	1841	1885	1900	1915	1935	1939	1945	1945	1949	1954
인원	5	7	12	14	16	20	22	22	23	16	20	17	18

9명을 주축으로 추밀원이라는 세 번째 캐비닛이 결성되었다. 추밀원도 1540년에는 20명이었다가 1547년에는 29명, 1558년에는 44명으로 증가했다. 이후에도 확장을 거듭하여 1679년 47명, 1723년 67명, 1902년 200명, 1951년에는 300명으로 늘어나 결국에는 본연의 기능이 마비될 지경이었다.

1615년 무렵에는 추밀원 내부에 비밀 결사Junto나 내각 자문단Cabinet Council이 결성되어 실질적으로 추밀원의 역할을 대신했다. 처음에 8명이었던 회원은 1700년에 12명, 1725년에는 20명으로 늘어났다. 그러다 1740년에 이르러 내각 자문단은 간단히 '내각Cabinet'이라 부르는 내부 그룹으로 다시 대체되었다. 내각의 발전 과정은 〈표 3〉에 제시되어 있다.

표에서 알 수 있듯이 1939년까지는 내각의 규모를 유지하려는 노력이 다분히 엿보인다. 이 노력은 엘리자베스 1세가 집정할 당시 추밀원이 보여주었던 것과 비슷하다. 1940년 이후에는 오히려 인원이 줄어드는데, 이때 내부에서 5명 혹은

7명이나 9명 정도로 구성된 새로운 캐비닛을 결성하려는 움직임이 있었던 것으로 판단된다. 그러나 여기서 중요한 것은 영국의 내각이 여전히 중요한 존재로서 기능할 수 있다는 사실이다.

영국에 비해 미국의 내각은 양적 팽창을 강력하게 저지해왔다. 1789년에 5명으로 시작된 내각은 1840년까지 7명으로 유지되었고, 1901년 9명, 1913년 10명, 1945년 11명으로 늘어났다가 1953년에 이르러 다시 10명으로 되돌아갔다. 하지만 이것이 1947년부터 인원 감축을 시도한 결과라 하더라도 장기간 성공하리라고 장담하기는 힘들다. 지금까지의 경험으로 보건대 미국 내각도 어쩔 수 없이 확대될 것이다. 어쨌든 지금까지는 니카라과나 파라과이보다도 적은 인원을 유지함으로써 (과테말라와 엘살바도르와 함께) 독점 내각이라는 평판을 얻고 있다.

다른 나라의 사정은 어떠한가? 조사 결과 비非전체주의 국가에 있는 대부분의 내각은 12명 내지 20명 정도로 구성되어 있는 것으로 나타났다. 세계 60개국을 대상으로 조사한 결과 평균 16명 이상이었고, 15명과 9명으로 구성된 국가가 각각 7개국으로 가장 많았다.

가장 특이한 유형은 뉴질랜드 내각으로 '땅과 숲의 주인이고 마오리 관리 장관이자 마오리 위탁 관리소와 경관 보호를 담당하는' 1명으로 구성되어 있었다. 뉴질랜드라는 연회의 유일한 사회자인 그는 어쩌면 보건부 장관, 총리의 수석 보좌관, 국가 발전 협회, 인구 조사국과 통계청, 공인 위탁 관리국 그리고 홍보부와 정보부의 장관 자리도 조용히 요구할 준비를 하고 있는지도 모르겠다. 하지만 이렇게 사치를 부릴 수 있는 곳은 불행히 거의 없다.

▌20명 이상의 조직은 쇠퇴한다

앞서 살펴본 영국의 예를 통해 우리는 캐비닛의 비효율성이 드러나는 시점은 인원이 20명을 넘어설 때라고 결론지을 수 있다. 왕실 자문단과 국왕 자문 위원회, 추밀원은 모두 회원 수가 20명을 초과하면서 쇠퇴하기 시작했다. 현재 영국의 내각은 회원 수가 적기 때문에 쇠퇴의 위협을 느끼지 않고 있다. 이것으로 회원 수가 20명을 넘어선 내각과 위원회는 실질적인 힘을 잃어가고 있고, 이보다 회원 수가 훨씬 더 많은 위원회는 이미 그 기능을 상실했다고 볼 수 있다. 그러나 어떤 이론도 통계학적으로 입증되지 않으면 인정받지 못한다. 이를 위해 증거 자료의 일부를 〈표 4〉에 제시했다.

|표 4 | 내각의 규모

인원 (명)	국가	인원 (명)	국가
6	온두라스, 룩셈부르크	17	아일랜드, 이스라엘, 스페인
7	아이티, 아이슬란드, 스위스	18	이집트, 영국, 멕시코
9	코스타리카, 에콰도르, 북아일랜드, 라이베리아, 파나마, 필리핀, 우루과이	19	서독, 그리스, 인도네시아, 이탈리아
		20	오스트레일리아, 대만, 일본
10	과테말라, 엘살바도르, 미국	21	아르헨티나, 미얀마, 캐나다, 프랑스
11	브라질, 니카라과, 파키스탄, 파라과이	22	중국
12	볼리비아, 칠레, 페루	24	동독
13	콜롬비아, 도미니카공화국, 노르웨이, 태국	26	불가리아
		27	쿠바
14	덴마크, 인도, 남아프리카공화 국, 스웨덴	29	루마니아
15	오스트리아, 벨기에, 핀란드, 이란, 뉴질랜드, 포르투갈, 베네수엘라	32	체코슬로바키아
		35	유고슬라비아
16	이라크, 네덜란드, 터키	38	소련

〈표 4〉에 소개된 국가 중 인원이 21명인 프랑스 바로 밑에 선을 그은 다음, 이 선 아래에 나열된 국가의 내각은 실질적인 힘을 행사할 수 없다고 말한다면 우리의 결론이 공인될까? 위원회 연구학자 중에는 이 결과를 그대로 받아들이는 사람이 있는 반면 더 정밀한 조사가 필요하다고 주장하는 사람도 많다. 특히 그들은 21명 부근에 대해서는 좀 더 철저히 연구해야 한다고 말한다. 하지만 집단이 비능률 상태에 빠지는 지점이 19명에서 22명 사이에 있다는 사실은 현재 널리 공인되고 있다.

이 가설을 어떻게 설명할 수 있을까? 여기서 우리는 사실과 이론, 징후와 질병을 정확하게 구분해야 한다. 다음에 제시할 징후는 대부분의 사람들에게 인정받고 있다. 우선 20명이 넘는 사람들이 모임을 가지면 회의의 성격이 변한다. 테이블 양쪽 끝에서는 각자 다른 대화가 오간다. 그래서 자신의 말에 주목하게 하려면 자리에서 일어서야 한다. 일단 일어서면 관습에 따라 연설을 할 수밖에 없다.

보통은 이렇게 시작할 것이다. "의장님, 25년(혹은 27년) 동안 의제 경험으로 볼 때 이 문제는 신중하게 생각해야 합니다. 우리는 무거운 책임을 떠맡고 있습니다. 아울러 저는……." 이러한 종류의 온갖 쓸데없는 말이 난무하는 가운데 몇몇 사람들은 "그 일은 내일 점심을 같이하면서 이야기합시다." 같은 쪽지를 주고받는 암울한 상황이 연출될 것이다. 사실 이것 말고 그들이 무엇을 할 수 있겠는가? 단조로운 목소리로 잠꼬대 같은 연설이 한없이 이어진다. 자신을 전혀 쓸모없는 사람이라고 생각하는 회원들에게는 회의가 아무런 의미도 없다.

이제 많은 것이 분명해졌다. 문제의 근원은 점점 깊어지고 있지만 여전히 갈 길은 멀다. 아직 베일에 가려져 있는 결정적인 요인이 너무 많다. 테이블의 모양과 크기, 참석자들의 평균 연령, 모임이 열린 시간이 결과에 어떤 영향을 미치는지에 대해서는 아직 조사된 바 없다. 또한 비전문가를 대상으로 한 이 책에서 잠정적인 비효율 계수(係數)를 산출하는 계산식을 최초로 소개하는 것은 적절하지 않다고 생각할 수도 있다.

우선 여기서는 위원회 연구소가 장기간 연구 끝에 정리하여 이 분야에서 널리(세계적으로는 아니지만) 인정받고 있는 공식을 제공하는 것으로 만족해야겠다. 아울러 연구자들은 쾌적한 온도가 유지되는 회의실에서 쿠션이 있는 가죽 소파에 앉아 매우 엄숙한 분위기 속에 회의를 하고 있다는 가정하에 다음 공식을 산출했다는 점을 덧붙인다. 공식은 다음과 같다.

$$x = \frac{m^{\circ}(a - d)}{y + p \quad b}$$

여기서 m은 실제로 참석한 평균 인원, $^{\circ}$는 외부 이익단체의 조종을 받는 회원 수, a는 회원들의 평균 연령, d는 가장 멀리 떨어져 앉은 사람 사이의 간격(단위는 센티미터), y는 캐비닛이나 위원회가 처음 결성되어 활동한 햇수, p는 피보디 척도Peabody scale로 측정하는 의장의 인내심, b는 회의가 시작되기 직전에 측정한 최고령자 3명의 평균 혈압, x는 캐비닛이나 위원회의 비효율성이 여실히 드러나는 순간의 회원 수를 말한다. 이 x가 바로 비효율 계수로 그 값은 19.9~22.4의 사이에 있다(소수는 부분 참석, 즉 회의에 불참한 사람이 있음을 의미한다).

최적 인원 산출의 어려움

이 공식에 대해 피상적으로 연구해놓고 위원회 연구학이 진

일보했다고 하기에는 논리가 빈약해 보인다. 위원회 학자와 보조 연구원 역시 실직을 두려워한다면 절대 그러한 주장을 하지 않을 것이다. 대신 이들은 짧은 연구 기간 동안 벌써 놀라운 진전을 보였다고 역설한다. 하지만 이들의 이기심을 감안하여 주장의 90%를 무시하고 나면 우리가 해야 할 일이 아직 많다는 것을 알 수 있다.

예를 들면 우리는 위원회 최적 인원을 산출하는 공식을 개발해야 한다. 최적 수가 정족수를 산정하기 불가능한 3명에서 전체 조직이 붕괴하기 시작하는 21명 사이에 있다는 것은 분명하다. 그 수가 8이라고 제안한 흥미로운 이론도 있다. 〈표 4〉에 제시된 내각 인원 중 유일하게 없는 숫자가 8이라는 것이 그 근거다. 언뜻 보기에는 그럴듯하지만 이 가설에는 한 가지 심각한 결점이 있다. 8이라는 숫자는 찰스 1세가 국가위원회를 결성하면서 임명한 회원의 수다. 그 후 찰스 1세에게 무슨 일이 일어났는지 잘 생각해보기 바란다.

5장

적임자를 선발하는 임용 원칙

짧은 지원자 명단

단 1명의 적임자를 선발하는 데에 얼마의 시간과 비용을 사용할까? 여기서는 서양의 면접법 과 중국의 과거 제도를 비교하고 각각의 문제점을 지적한다. 면접관들은 지원자의 출신 배경만을 따지고, 필기시험은 한 가지 기준만을 잣대로 지원자를 평가한다. 그리고 현대의 구인 수단인 광고는 사람들을 현혹하는 데에만 치중하느라 변별력이 떨어진다고 비판한다. 가장 적합하다고 판단되는 단 1명만이 지원하도록 자세하고 까다로운 정보를 제공하는 광고를 만들라는 것이 파킨슨의 제안이다.

예전부터 정부 행정이나 기업 경영에서 끊임없이 제기된 고민거리는 바로 직원 임용 문제였다. 파킨슨의 법칙은 직원 임용이 끊임없이 이루어져왔으며 많은 후보들 중에서 어떻게 적임자를 뽑느냐가 관건이었다는 점을 보여준다. 여기서는 적임자를 선발하기 위해 과거에 활용된 방법과 오늘날 어떤 방법이 사용되는지 살펴보려 한다.

신분을 중시한 영국식 면접

과거에 활용된 방법을 전부 검토한 것은 아니지만 전체적으로 볼 때 크게 영국식과 중국식으로 나눌 수 있다. 오늘날에 주로 쓰이는 방법보다 훨씬 효율적이라는 것만으로도 이 두 가지 방법은 세밀히 검토할 가치가 있다.

영국식은 지원자의 신분을 알아낼 수 있는 인터뷰를 통해 당락을 결정한다. 지원자는 원목 테이블에 빙 둘러앉아 있는 초로의 신사들과 마주 앉아서 질문에 답해야 한다.

존 세이모어라는 지원자가 인터뷰를 하고 있다고 가정해 보자. "서머싯 공작의 친척인가?"라고 한 신사가 묻는다. 이 질문에 존은 "아닙니다."라고 대답한다. 이번에는 다른 신사가 "그렇다면 왓민스터 주교와 친척인가 보군." 하고 묻는다. 그 질문에도 존은 아니라고 대답한다. "그럼 자네는 어떤 집안 사람인가?"라는 실망 섞인 세 번째 질문에 만약 존이 "저의 아버지는 칩사이드에 있는 생선 장수입니다."라고 대답한다면 이것으로 인터뷰가 끝날 것이다. 면접 위원들은 의미심장한 눈빛을 주고받다가 종을 울리고는 하인에게 "이 사람을 끌어내!"라고 말할 것이다. 이로써 한 사람의 지원자가 명단에서 삭제된다.

다음 지원자인 헨리 몰리넥스는 세프턴 백작의 조카로 노 퍽 공작의 손자인 조지 하워드가 인터뷰를 하기 전까지는 유 력한 지원자로 거명될 것이다. 면접 위원회는 준남작의 셋째 아들과 남작의 서자를 놓고 우열을 가려야 하기 전까지는 별 어려움을 겪지 않을 것이다. 하지만 이것도 서열을 따르기만 하면 아무 문제가 없다. 이번 면접 역시 서열에 따라 결정되 었고, 곧 최고의 결과로 기록되었다.

영국식(과거 방식)의 해군 본부 버전은 범위가 좀 더 제한 된다. 해군 본부의 면접관들은 친척의 작위 같은 것은 중요 하게 생각하지 않는다. 그들이 고려하는 것은 군대에서의 연 고다.

이상적인 지원자는 앞서 제시한 두 번째 질문에 이렇게 대 답할 것이다. "예, 파커 대장은 저의 삼촌입니다. 그리고 저 의 아버지는 폴리 함장이고, 할아버지는 폴리 제독입니다. 외 할아버지께서도 대장을 역임하셨고, 하디 중령은 저의 외삼 촌입니다. 현재 큰형은 해병대 대위이고 둘째 형도 해군입니 다!"

그러면 선임 대장은 "오! 그런가? 자네가 해군에 입대하려는 이유는 무엇인가?"라고 물을 것이다. 그러나 대답은 별로 중요하지 않다. 서기는 이미 그를 적임자로 기록했을 것이다.

집안 환경이 똑같이 좋은 2명의 지원자 가운데 한 사람을 선택해야 할 경우에는 면접관이 별안간 다음과 같은 질문을 할 수도 있다. "여기 올 때 타고 온 택시의 차량 번호가 어떻게 되지?" "버스 타고 왔는데요."라고 대답하는 지원자는 그 자리에서 쫓겨날 것이다. "모르겠습니다."라고 정직하게 대답하는 사람도 탈락이다. "2351번입니다."라고 (거짓말)하는 지원자가 진취적인 젊은이라는 평가를 받고 즉시 선발될 것이다. 실제로 이 방법은 종종 최선의 결과를 낳았다.

영국식은 19세기 후반에 이르러 민주주의 국가에 적합한 방향으로 발전했다. 선발 위원회는 이제 단도직입적으로 "어느 학교를 나왔나?"라고 묻기 시작했다.

그러면 해로 스쿨이든 할 레이 버리든 럭비 스쿨이든 답을 할 것이다. 그다음에는 대개 "어떤 운동을 좋아하는가?"라고 묻는다. 유력한 지원자는 "잉글랜드에서 테니스를 쳤고 요크셔에서는 크리켓을 했습니다. 그리고 할리퀸에서 럭비도 하고 윈체스터에서는 파이브스fives(손이나 배트로 공을 벽에 치며 하는 경기, 영국 사립학교에서 많이 한다 - 옮긴이)도 했습니다."

라고 대답할 것이다. 그러면 면접관은 지원자가 자만에 빠지지 않게 하려고 "폴로도 하나?"라는 질문을 던진다. 설령 폴로를 하지 않는다 할지라도 그 지원자는 신중하게 고려할 만한 사람이다. 하지만 의외로 지원자는 위글워스에서 폴로를 배웠다는 대답을 망설임 없이 했다. 의장은 놀라서 "어디?"라고 되물을 것이다. 지원자가 다시 한 번 위글워스라고 대답하면 "거기가 어디지?"라고 다시 한 번 되묻고는 나중에 "그렇지, 랭커셔!"라고 형식적으로 말할 것이다.

반면에 똑같은 질문에 "위건에서 탁구를 치고 블랙풀에서 사이클링, 위글워스에서 스누커snooker(당구의 일종 – 옮긴이)를 했습니다."라고 대답하는 사람은 명단에서 삭제될 뿐만 아니라 고의로 위원회의 시간을 낭비한 사람이라는 욕까지 얻어먹을 것이다. 이 방법 역시 좋은 결과를 낳았다.

▌시험을 통한 중국식 인재 선발

과거科擧 제도는 한때 여러 나라에 퍼져나갔지만 그 기원이 중국이라는 사실을 아는 사람은 그리 많지 않았다. 중국 명나라 때 유망한 젊은이들은 3년마다 열리는 과거 시험에 응시하곤 했다. 시험 과목은 세 가지였으며 하루에 한 가지씩 3일 동안 치러졌다.

첫 번째 부문에서 응시자들은 세 편의 수필을 쓰고 8행 대구對句를 짓는다. 그다음 날에는 고전 문학을 주제로 다섯 편의 논평을 쓴다. 셋째 날에는 통치 기술에 대해 다섯 편의 글을 작성한다. 이 시험에 통과한 2%는 궁궐에서 마지막 시험을 치른다. 이때 지원자들은 현 정치의 문제점에 대한 평론을 쓴다. 이 시험에 합격한 사람들은 대부분 관리로 임용되며, 당연히 가장 성적이 좋은 사람이 가장 좋은 자리에 앉는다. 이러한 임용 체계는 꽤 효율적으로 운영되었다.

유럽인들은 1815~1830년에 걸쳐 중국의 임용 체계를 연구한 후 1832년 영국 동인도 회사에 처음으로 그 체계를 적용했다. 이후 1855년에는 영국 관청에도 도입했다. 중국 과거 제도의 특징은 문학적 소양을 중시한다는 점이다. 과거는 고전에 대한 지식, 작문 능력(산문과 운문 모두), 시험을 치르는 데 필요한 체력을 두루 시험하는 장이다. 이러한 특성은 「트리벨리언-노스코트 보고서Trevelyan-Northcote Report」에도 그대로 나와 있다. 이후 서양의 임용 체계에서도 창작 시험이 높은 비중을 차지하게 되었다.

고전 지식과 문학적 능력은 어떤 관리 부서의 지원자에게나 적합한 것으로 여겨진 반면 과학 교육은 과학 분야에만 적합한 것으로 인식되었다. 서로 다른 주제로 시험을 치른 사람들의 우열을 가리는 것은 현실적으로 불가능하다는 이유에서였다. 이 논리는 지질학에 뛰어난 사람과 물리학 분야에서 우수한 사람 중 누가 더 나은지를 결정하는 것이 불가능할 때, 역으로 두 사람 모두 쓸모없다고 제외시킬 수 있는 그럴듯한 근거로 이용되었다.

반면 모든 지원자에게 똑같이 그리스어나 라틴어로 시를 짓게 한 다음 누가 가장 뛰어난지 알아내는 것은 비교적 쉬운 일이다.

이렇게 해서 고전 시험을 통과한 사람은 인도 통치 관련 부서로 발령이 났다. 그리고 그보다 낮은 점수를 받은 사람은 본국의 행정 부서에 남겨졌다. 더 낮은 점수를 받은 사람들은 탈락시키거나 다른 식민지로 보냈다.

사람들은 중국식 임용 체계를 비판할 근거를 아무것도 찾지 못했지만 그렇다고 성공적인 제도로 인정하지도 않았다. 가장 높은 점수를 받은 사람이 정신 이상자라고 판명되지 않는 한 시비를 걸 만한 명분은 전혀 없었다. 하지만 어떤 사람이 오직 그리스어로 시를 쓰는 것밖에 못한다면 어떻게 할 것인가. 그리고 평소에는 그리스어 시를 제대로 쓰지 못하던 응시자가 우연히 시험에서만 뛰어난 능력을 보였다면 어떻게 할 것인가. 이러한 사정을 고려한다면 경쟁적인 시험을 통한 임용은 평균 수준의 성공 이상은 아니라고 보아야 한다.

그러나 필기시험 제도의 단점이 무엇이건 간에 이전에 시도했던 어떤 방식보다도 좋은 결과를 낳았다는 것만은 분명하다. 오늘날의 임용 방식은 지적 능력 테스트와 심리학적 인터뷰에 중점을 둔다. 하지만 지적 능력 테스트는 문맹인 사람도 높은 점수를 받을 수 있다는 결점을 가지고 있다. 그리고 지원자들이 다른 활동은 전혀 하지 않고 시험 준비에만 시간을 보내는 폐단도 나타난다.

심리학적 인터뷰는 오늘날 '시련에 찬 파티ordeal by house party'라고 알려진 방식을 이용한다. 즉 지원자들이 즐거운 주말을 보낼 동안 그들을 교묘하게 관찰하는 것이다. 예를 들어 지원자 중 한 사람이 문 앞에 있는 깔개에 미끄러져 비틀거리면서 "제기랄!"이라고 말하면, 몰래 숨어 있던 관찰자가 재빨리 '운동 신경이 둔함, 자제력 부족'이라고 기록한다.

이 방법을 길게 설명할 필요는 없겠지만 종국에는 누구든 비참해지리라는 것만은 확실하다. 이와 같은 유형의 가학적인 관찰자를 만족시킬 수 있는 사람은 일반적으로 호기심이나 의심이 많은 사람, 평소에 박식한 체하거나 점잖은 체하는 사람, 말수가 적고 아무것도 하지 않는 사람일 것이다. 이 방법으로 테스트를 하다가는 500명 중 1명도 선발하기 힘들 것이고, 설령 뽑았다 하더라도 몇 주 못 가 아무 능력 없는 이상한 사람이라고 판명 날 것이 분명하다. 지금까지 살펴본 다양한 임용 방법 가운데 마지막 방법은 더 생각할 필요도 없는 최악의 방법이다.

적임자만 골라내는 기술

미래에는 어떤 방법을 사용할까? 아직 그다지 알려지지 않았지만 최신 임용 기술에서 그 단초를 찾을 수 있을 것 같다. 예를 들어 외무부나 국무부에서 중국어 번역가를 임명하는 경우처럼 채용 빈도가 아주 낮을 때 사용되는 방법은 거의 알려진 바가 없다.

그래도 가정을 해본다면 우선 모집 분야가 공고되고 5명으로 구성된 위원회에 지원서가 접수될 것이다. 위원회는 3명의 공무원과 2명의 저명한 중국어 학자로 구성된다. 위원회 앞에 추천장이 첨부된 483개의 지원서가 쌓여 있다. 모든 지원서는 중국어로 작성된다. 지원자들은 모두 베이징이나 아모이에서 공부했고 코넬이나 존스 홉킨스 대학에서 박사 학위를 받은 사람들이다. 지원자의 대부분은 대만의 정부 기관에 근무한 경험이 있다. 증명사진을 첨부한 사람도 있고 (현명하게도) 일부러 첨부하지 않은 사람도 있다. 의장은 중국어 전문가에게 이렇게 말한다.

"먼저 우 박사님이 이력서들을 훑어보고 1차 합격자 명단을 추려주셨으면 합니다."

그러자 우 박사가 정체를 알 수 없는 미소를 짓고는 서류 더미를 가리키며 말한다.

"저 사람들 중에는 적임자가 한 사람도 없습니다."

의장은 놀라서 "아니 어떻게…… 왜 그렇게 생각하십니까?" 하고 묻는다.

우 박사는 "정말로 학식이 있는 사람은 지원하지 않을 것이기 때문입니다. 현명한 사람은 뽑히지 않을 경우에 명예가 훼손될 것을 두려워할 겁니다."라고 대답한다.

"그러면 어쩔 작정입니까?"라고 의장이 묻는다.

우 박사는 "제 생각에는 림 박사에게 번역 일을 맡아달라고 부탁하는 편이 나을 것 같은데요. 리 박사님 생각은 어떻습니까?"

그러면 리 박사는 이렇게 답한다.

"네, 괜찮은 생각인 것 같습니다. 하지만 우리가 직접 연락할 수 없으니 탄 박사에게 부탁해서 림 박사의 의사를 알아보는 게 좋을 것 같군요."

"저는 탄 박사를 개인적으로 알지는 못하지만 친구인 웡 박사는 알고 있습니다."라고 우 박사가 덧붙인다.

의장은 누가 누군지 혼란스럽다. 하지만 탁자 위에 쌓여 있는 지원서를 전부 휴지통에 버리는 대신 지원서를 제출하지도 않은 단 한 사람만 상대하면 된다는 사실에 다행스러워한다.

나는 지금 현대적인 중국식 임용 방법을 적용하자고 제안하는 것이 아니다. 다만 다른 방법들이 실패하는 주요 원인이 넘치는 지원자를 감당하지 못하기 때문이라고 추론하면 보다 현실적인 대안을 찾을 수 있다는 것이다. 결국 가장 먼저 해야 할 일은 지원자 수를 줄이는 것이다. '50세 이상이나 20세 미만은 지원할 수 없다'라는 단서 포함이 현재 세계적으로 사용되고 있고, 이 기준으로 실제로 지원자 수를 어느 정도 줄일 수 있다.

그래도 지원자는 여전히 너무 많다. 지원 자격이 충분하고 추천 내용도 훌륭한 300명 가운데에서 적임자를 골라내는 일은 불가능에 가깝다. 나는 그 이유를 모집 광고에서 찾기 시작했다. 실제로 모집 광고는 너무 많은 사람의 시선을 끌고 있다. 단점은 거의 없고 수천 명이 매료될 수밖에 없는 문구로 포장되어 있는 탓이다. 광고 내용은 주로 이렇다.

구인

전임자가 현재 상원의원이 되어서 책임자의 자리가 비어 있음. 높은 급료, 풍부한 연금, 명목상의 의무, 막대한 특권, 두둑한 부수입, 업무용 차량과 무료 주택 지원, 무제한의 여행 시설 보장.

이를 본 사람들은 추호의 망설임 없이 하지만 신중하게 세장을 넘지 않게 작성한 추천장 사본을 동봉하여 지원서를 낼 것이다. 결과는 대홍수처럼 넘쳐나는 지원서다. 많은 수의 정신 이상자와 (그들이 항상 주장하는 바에 의하면) 리더십을 타고 났다는 퇴역한 육군 소령들도 그에 못지않게 지원한다. 일이 이 지경에 이르면 지원서를 모조리 태우고 처음부터 다시 생각하는 수밖에 없다.

애초에 좀 더 신중하게 판단했더라면 시간과 노력을 아낄 수 있었다. 조금만 더 생각하면 단 한 사람의 적임자만 찾아내는 광고가 가장 훌륭하다는 것을 알 수 있다. 이러한 모집 광고의 극단적인 예를 하나 들어보자.

> ### 구인
>
> **맹렬하게 들끓는 용광로 위에서 60미터짜리 힘없는 철사줄을 건널 수 있는 곡예사.** 공연은 매일 밤 2회. 토요일 3회 실시. 임금 주당 25파운드(70달러). 연금 없음. 부상 시 보상금 없음. 오전 9시~오후 10시에 와일드캣 서커스로 직접 응시 바람.

이와 같은 어법이 항상 좋은 것은 아니지만 사고의 위험성과 급여를 확실하게 비교 평가할 수 있으므로 적임자만 지원할 확률이 높다. 자격과 경험에 대한 세부 사항을 기술할 필요도 없다. 힘없는 철사줄 위에서 곡예를 해본 경험이 없는 사람은 아무도 흥미를 보이지 않을 것이기 때문이다. 아울러 신체 조건이 맞거나 침착하거나 현기증이 없는 사람이어야 한다고 적을 필요도 없다. 또 고소 공포증이 있는 사람은 지원하지 말라고 할 필요도 없다. 지원자들은 스스로에 대해 잘 알고 지원하지 않을 것이기 때문이다.

광고자의 능력은 임금을 조정하는 데에 있다. 주당 1,000파운드(약 3,000달러)를 제공하겠다고 하면 지원자는 12명으로 늘어날 것이다. 반면에 주당 15파운드(35달러)를 제시하면 아무도 지원하지 않을 것이다. 1,000파운드와 15파운드 사이에 일의 적임자를 가장 덜 매력적으로 유혹하는 정확한 액수가 있다. 만약 지원자가 1명 이상이라면 액수는 높게 책정된 것이다.

이제 좀 덜 극단적인 예를 가지고 비교해보자.

이 광고에는 업무상의 단점과 혜택이 조화를 잘 이루고 있다. 광고란에는 지원자가 인내심이 있고, 다부지고, 용기가 있으며, 독신이어야 한다는 조건을 넣을 필요가 없다. 광고에서 누구는 안 된다는 식의 문구는 전부 삭제해야 한다. 그리고 지원자는 무덤 발굴광이어야 한다는 조건도 필요 없다. 지원자는 바로 그러한 사람일 것이기 때문이다. 이렇게 해서 우선 3명 정도로 지원자를 줄인다. 그다음에는 광고에서 연봉에 대한 문구를 뒤쪽에 넣어 사람들의 관심이 쏠리지 않게 만들고, 대신 명예에 대한 조건을 내세워 단 한 사람만이 지원하도록 만들 수 있다.

이때 기사 작위를 조건으로 내걸면 지원자를 2명으로 줄일 수 있고, OBE Order of the British Empire 상을 조건으로 내걸 경우 아예 지원자가 한 사람도 없을지도 모른다. 목표는 단 1명의 지원자다. 그 사람이 정신 이상자라고 해도 그것은 중요하지 않다. 바로 그가 우리가 원하는 적임자이기 때문이다.

이 시점에서 혹자는 힘없는 철사줄에서 곡예를 펼칠 사람이나 무덤을 발굴할 고고학자를 구하기는 아주 힘든 반면에, 다소 평범한 직업에는 더 많은 지원자가 몰리지 않겠냐는 반박을 펼 수도 있다. 이는 사실이기는 하지만 이때에도 앞의 두 가지 경우와 똑같은 임용 원칙을 적용하면 된다. 물론 여전히 고도의 기술은 필요하다.

국무총리 자리가 비어 있다고 가정해보자. 요즘은 비참한 결과를 초래하는 다양한 임용 방법을 신용하고 있는 추세이다. 어릴 때 들은 요정 이야기를 떠올려보면, 이야기가 만들어진 시절에는 훨씬 더 훌륭한 방법들이 사용되었다는 것을 깨닫게 될 것이다.

왕이 자신의 무남독녀와 결혼할 사람을 선택해서 왕국을 물려주어야 할 경우, 보통 장애물을 만들어놓고 그것을 해결

할 수 있는 단 한 사람을 지원자로 선발한다. 이야기 속에서 유일한 적임자는 언제나 역경을 이겨낸다. 연대가 모호한 시기에 장애물을 설정하려면 다양한 인물과 장치가 필요하다. 마술사, 마귀, 요정, 흡혈귀, 늑대인간, 거인, 난쟁이라는 인물과 마법의 산, 불의 강, 숨겨진 보물, 마술에 걸린 숲이라는 배경이 시험 과정에 등장하는 이유가 바로 이 때문이다.

이러한 관점에서 보면 현대의 정부는 운이 없다고 생각할지도 모르겠지만 결코 그렇게 단정할 수만은 없다. 심리학자와 정신 의학자, 통계학자, 효율성 전문가의 도움을 받을 수 있는 현대의 관리자가 소름 끼치게 생긴 쭈그렁 할멈이나 요정에 의지하는 사람보다 불리(혹은 유리)하다고 말할 수 있을까? 마찬가지로 비디오카메라, 텔레비전, 라디오 네트워크, X선 장치를 구비하고 있는 행정 기관이 마술 지팡이와 수정 구슬, 투명 망토를 가지고 있는 사람보다 불리(혹은 유리)하다고 말할 수 없다.

물론 옛날이야기 속의 평가 방법은 항상 최적의 지원자를 선발하곤 한다. 그렇다면 요정 이야기에 나오는 기술을 현대 세계에 적용할 수는 없을까? 이는 그리 어려운 일은 아니다.

맨 먼저 할 일은 국무총리의 자격을 심사하는 일이다. 후보들의 제반 환경이 똑같을 수는 없지만 기본적으로 누구나 인정하고 추천할 만한 사람이어야 한다. 여기서는 국무총리에게 필요한 자질을 에너지와 용기, 애국심과 경험, 명성, 웅변술이라고 가정하기로 한다. 이제 이러한 자질을 갖추었다고 자부하는 후보자들을 심사하는 일만 남았다.

적임자를 쉽게 찾고 싶은 마음에 사자를 길들여본 경험이 있거나 중국어로 연설할 수 있는 사람을 골라낼 수도 있다. 하지만 이는 우리가 원하는 방식이 아니다. 우리는 특정 분야의 자격만을 요구하는 것이 아니라 앞서 말한 여섯 가지 요건을 모두 충족시키는 사람을 찾고 있다. 다시 말해 국무총리가 될 수 있는 사람은 이 나라에서 가장 에너지 넘치고, 가장 큰 용기와 애국심을 지니고 있고, 가장 경험 많고, 가장 인기 있고, 가장 웅변술이 뛰어나야 한다는 말이다.

오직 한 사람만이 이 자격에 부합할 것이고 우리는 그 1명만 찾으면 된다. 그러므로 모집 광고에서는 그 사람 이외의 다른 사람은 지원하지 못하게 만드는 문구를 넣어야 한다. 이 목적을 달성하기 위해 다음과 같은 광고 문안을 쓰는 것은 어떨까?

구인

엘루리타니아 국무총리. 업무 시간 : 오전 4시~오후 11시 59분. 후보자는 현 헤비급 챔피언(정규 글러브 착용)과 3라운드 경기를 치러야 한다. 합격자는 정년 퇴임(65세)에 이르면 고통 없이 국가를 위해 죽을 것이다. 그리고 의원 운영 절차에 관한 시험을 통과해야 한다. 만약 95% 이상 맞추지 못하면 위약금을 내야 한다. 갤럽 규정하에 실시하는 인기 투표에서 75%를 얻지 못할 경우에도 위약금을 내야 한다. 웅변술을 시험하기 위해 침례교도 집회에 초청될 것이다. 목표는 참석자들이 로큰롤을 좋아하도록 만드는 것이다. 실패할 경우 위약금을 내야 한다. 지원자는 9월 19일 오전 11시 15분에 스포츠 클럽(측면에 있는 입구 이용)에 모이도록. 글러브는 제공되지만 고무 밑창을 댄 신발, 셔츠와 바지는 직접 들고 와야 한다.

이 광고는 지원서 양식을 비롯한 추천장, 사진, 증명서, 후보자 명단과 관련된 모든 문제를 해결해준다. 광고 메시지가 정확하게 전달되면 지원자는 단 1명뿐일 것이고 그 사람은 당장이라도 국무총리 자리에 앉을 수 있는 사람일 것이다. 하지만 지원자가 1명도 없다면? 그 결과가 바로 광고의 기능을 평가하는 근거가 된다. 우리는 어쩌면 있지도 않은 것을 기대했는지도 모른다. 그렇다면 내용을 약간 수정해서 다시 광고해야 한다. 시험 점수를 85점으로 낮추고 헤비급 선수와는 2라운드만 싸우게 하며 인기 투표에서는 65%의 지지만 받으면 된다고 수정하는 것이다. 이 정도로 낮추면 지원자가 나타날 때까지 느긋하게 기다릴 수 있을 것이다.

하지만 그 결과 2명이나 3명의 후보자가 지원했다고 가정해보자. 우리의 과학적 무능력이 드러나는 순간이다. 시험 커트라인은 87점이고 인기 투표에서 66% 이상의 지지를 확보해야 한다고 말했어야 하는데 너무 낮게 책정한 건지도 모른다. 이유야 어찌되었든 이미 사건은 벌어졌다. 2명 혹은 3명이 지금 대기실에서 기다리고 있다. 이들 한 사람을 선택하느라고 우리의 오전을 몽땅 허비할 수는 없다. 이럴 때에는 고난 체험 테스트를 실시해서 부적합한 지원자부터 탈락시키면 된다.

더 좋은 방법은 3명의 후보자 모두가 제시한 요건에 부합하는지 살펴보는 것이다. 이 경우에는 앞서 제시한 여섯 가지

외에 한 가지 요건을 추가한 다음 그중 가장 간단한 테스트를 치르는 것이 현명하다. 예를 들어 근처에 있는 젊은 여성(비서나 속기사일 확률이 높다)에게 "세 사람 중에 누가 제일 괜찮아 보여요?"라고 묻는다. 그 여성이 지원자들 중 한 사람을 가리키면 그것으로 끝이다. 물론 동전 던지기나 가위바위보를 해도 된다. 하지만 여성의 판단을 묻는 것은 이러한 우연하고는 전혀 다른 차원의 시험이다. 지금까지 한 번도 고려하지 않은 '성적 매력'이라는 자격이 엄연히 존재한다는 사실을 환기시키기 때문이다.

6장

건축물의 위엄과 영광의 쇠퇴

행정의 장벽

파르테논 신전, 타지마할 궁전, 중국의 자금성……. 이처럼 한 시대의 영광을 상징하는 웅장한 건축물은 역설적으로 그 시대의 쇠퇴 혹은 소멸과 함께했다. 오늘날 인류의 문화 유적으로 추앙받는 건축물들과 당시 행정의 효율성에는 어떤 상관관계가 있을까?

위대한 성과는 오히려 허름한 곳에서 나왔다. 태만하고 능력 없는 사람들이 건축물에 집착한다. 처음부터 겉모습을 따지는 조직은 결코 오래가지 못한다. 여전히 웅장하고 위엄 있는 건축물을 짓는 데에 비용을 헛되이 쓰는 일이 허다하다.

인간의 건축물을 연구하는 학생들은 그 건축물을 통해 개인의 지위를 가늠할 수 있는 표준 잣대가 있다는 사실을 잘 알고 있다. 예를 들어 그 사람이 지나다니는 문의 수, 개인적인 협력자 수, 그 사람의 전화를 받는 사람 수는 센티미터로 표시된 카펫의 두께와 함께 세상 사람들이 신뢰할 수 있는 간단한 공식이다. 역으로 건축물 자체도 똑같은 기준에 의해 평가될 수 있다. 하지만 이 사실을 아직 많은 사람들이 잘 모르는 것 같다.

출판사를 한번 보자. 출판업자들은 일반적으로 주위가 지저분해도 그다지 개의치 않는 경향이 있다. 출판사를 찾은 방문객은 밑으로 골목길이 나 있고 위로 3개의 계단이 보이는 큰 건물 근처로 안내된다. 외관은 마치 일반 주택과 비슷하여 대부분 한때 개인용 주택이었던 1층과 정원에 있는 철제 오두막 사이에 구불구불한 길이 나 있다.

또한 우리는 구조가 거의 비슷한 국제 공항에도 익숙하지 않은가? 비행기에서 내리면서 (오른쪽이나 왼쪽 위로) 높은 구조물들이 둘러싸고 있는 광경을 볼 수 있다. 그다음 승무원의 안내를 받아 들어서는 곳은 십중팔구 석면으로 지붕을 이은 외딴 건물이다. 그 건물 외관이 언젠가는 달라질 거라는 생각은 감히 할 수 없을 정도다. 언젠가 비행장은 그 모습 그대로 또 다른 장소에서 재현될 것이다.

▌건축물의 위엄

앞서 언급한 건축물은 대개 초라하고 임시변통적인 환경에서 번성한다. 우리는 편리와 위엄이라는 옷을 걸친 건축물은 처음부터 믿음을 가지고 대한다.

청동과 유리로 된 출입문은 좌우가 대칭되도록 중앙에 자리 잡고 있다. 당신은 잘 닦인 구두를 신고 반짝반짝 빛나는 조용한 엘리베이터로 미끄러지듯 들어간다. 교양이 넘치는 직원이 진홍색 립스틱을 바른 입술을 움직여 옅은 하늘색 제복을 입은 안내원에게 소곤거린다. 그녀는 손짓으로 당신을 은색 광이 나는 안락의자로 안내한다. 그러고는 아주 조그만 움직임에도 눈부신 미소를 보내 당신에게 편안함을 선사한다. 하지만 기다림만큼은 피할 수 없다. 당신은 고급 잡지를 보면서 A, B, C 부서가 넓은 복도를 통해 연결된 것을 알게된다. 닫힌 문 너머로 명령을 수행하는 소리가 나지막하게 들려온다. 1분쯤 지나면 당신은 발목까지 올라오는 두께의 카펫 위를 씩씩하게 걸어 회장의 조그만 책상으로 다가갈 것이다. 하지만 이내 그의 흔들림 없는 시선에 무기력해지고, 회장 뒤로 보이는 마티스의 그림에 주눅이 들어 그제야 진정한 능력이 무엇인지 알았다고 느낄 것이다.

사실 당신은 어떤 것도 발견하지 못했다. 좌절을 느끼는 순간 건물의 계획된 구조와 완벽함이 가슴에 와 닿은 것뿐이다. 이와 같은 역설적인 결론은 인간에 대해서는 신경 쓸 필요가 없다는 사실을 난해하게 설명하고 있는 고고학적·역사학적 연구에 기초를 두고 있다. 보다 일반적인 방법은 특정 목적을 가지고 완벽하게 설계된 건물을 골라서 연대를 추정하는 것이다. 사람들은 이러한 건물을 비교 분석함으로써 완벽한 설계는 부패의 징후라는 사실을 증명할 수 있다고 생각해왔다. 진귀한 것을 발견하거나 발전을 거듭하는 시기에는 완벽한 건물을 설계할 시간이 전혀 없기 때문이다. 그러다가 중요한 일이 모두 끝나고 나면 다시 건물 짓기에 매달리는 시기가 되돌아온다는 것이 일반적인 인식이었다.

평범한 여행가들에게 외경심을 불러일으키는 성베드로 대성당이나 로마, 바실리카, 바티칸 성당은 드높은 영광과 힘을 가진 교황에 대한 이상적인 상징물임에 틀림없다. 여기서 인노켄티우스 3세는 저주를 퍼부었고 조지 7세는 법을 세웠다. 그러나 안내 책자를 보면 금방 알 수 있겠지만, 진정 힘 있는 교황은 웅장한 돔이 세워지기 전에 군림했고 돔이 없는 다른 곳에서도 드물지 않게 군림했다. 게다가 후에 등장한 교황은 궁전이 세워지는 동안 세력의 반을 잃었다.

성당을 짓기로 결정한 율리우스 2세와 라파엘의 설계를 승인한 레오 10세는 건축물들이 오늘날의 외관을 갖추기 오래 전에 죽었다. 브라만테가 개축한 성베드로 대성당은 1565년까지 공사 중이었고 1667년까지 헌정되지 못했다. 또한 피아

차의 열주는 1667년까지 완공되지 않았다. 위대한 교황 통치 시대는 이러한 건설 계획이 완벽하게 실현되기 전에 끝났다. 그들은 성당이 완공될 시기에 대해서는 신경도 쓰지 않았다.

위대한 건축물은 쇠퇴의 증거인가

이상의 역사적 자료는 이례적인 것으로 쉽게 증명될 수 있는 성질의 것이 아니다. 이러한 연속적인 사건은 국제 연맹의 역사에서나 찾아볼 수 있다. 사람들은 1920년에 결성된 국제 연맹에 많은 희망을 걸었다. 1933년까지는 그 시도가 실패한 것처럼 보였다. 어쨌든 국제 연맹의 위엄을 구현한 건물은 1937년까지 일반에 공개되지 않았다. 건물은 감탄이 절로 나올 만한 시설을 갖추고 있었다. 사무국을 비롯한 자문 위원회 집무실, 위원회 회의실, 카페테리아에 이르기까지 설계에 공을 들이지 않은 곳이 없었다. 연맹 자체만 빼고는 인간의 머리로 생각해낼 수 있는 모든 게 그곳에 있었다. 하지만 이 건물이 공식적으로 공개되던 해에 국제 연맹의 존재 또한 사라졌다.

앞서 우리가 내린 결론과 꽤 상반되는 예로 루이 14세가 자신의 절대 권력을 건축학적으로 형상화한 베르사유 궁전이 거론되기도 한다. 하지만 역사를 살펴보면 그 주장에 신빙성이 없다는 사실을 알 수 있을 것이다. 베르사유가 당시의 승리감을 구현했다 하더라도 대부분의 건물은 통치 기간이 거의 끝나갈 즈음에야 완성되었고 몇몇 건물은 다음 왕권으로 넘어가서 완성되었다.

건물을 짓기 시작한 것도 주로 1669~1685년이었다. 왕은 1682년이 되어서야 베르사유로 들어갔으며 그때에도 여전히 공사가 진행 중이었다. 유명한 국왕의 침실은 1701년까지 사용되지 않았고 부속 예배당은 9년이나 뒤에 완공되었다. 왕실의 거주와는 상관없이 베르사유 궁전이 행정부의 중심지 역할을 하기 시작한 시기는 한참이 지난 1756년이라고 전해지고 있다.

또한 루이 14세가 거둔 진정한 승리는 대부분 1679년 이전에 이루어졌고 1682년 정점에 올랐다가 1685년부터는 힘을 잃기 시작했다. 한 역사학자의 말에 의하면 베르사유로 들어갈 당시 루이 14세는 '거의 운명의 무덤을 봉하고 있었다'고 한다. 또 다른 학자는 베르사유에 대해 '모든 것이 (중략)

루이 14세의 힘이 기울기 시작했을 때 완성되었다'고 말한다.

우리의 이론을 뒷받침해주는 세 번째 자료는 '쇠퇴의 해'인 1685~1713년의 사건을 설명하는 것으로 대신한다. 다시 말해 '튀렌은 성공으로 가는 길목'이라는 말에 나오는 장소가 베르사유라고 생각하는 사람은 사실을 오해하고 있다는 것이다. 오히려 역사적으로는 블레넘에서 패전 소식을 가지고 온 사람들의 곤란한 상황을 생생하게 표현한 말이라는 게 더 타당하다. 성공의 상징으로 반짝반짝 빛나는 궁전에서 전령들은 어느 쪽으로 얼굴을 돌려야 할지 막막했다고 한다.

블레넘이라는 지명을 꺼낸 김에 말보로 공작의 승리를 기념하기 위해 지어진 블레넘 궁전에 대해 한번 살펴보자. 여기서 우리는 이상적으로 기획된 또 다른 건물을 만나게 된다. 이번에는 국가적인 영웅이 퇴임 후 지낼 장소다. 영웅에게 걸맞은 궁전은 편리함보다는 좀 더 인상적인 면을 강조하는 것이 어울리겠지만 대중의 관심은 단지 건축가가 의도한 게 무엇이냐는 것이다. 전설을 기리는 최적의 장소, 전쟁 기념일에 연로한 전우들이 만나는 장소라는 설정이 가장 적절했을지 모른다.

하지만 그 건물은 실제로 그러한 용도로 사용된 적이 없었다. 공작은 거기서 살지 않았고 완성되는 것조차 보지 못했다. 그는 주로 세인트올번스 근처의 홀리웰과 (시내에 있을 때는) 말보로 하우스에서 지냈다. 그러다 윈저에 있는 별장에서 죽었다. 공작이 오랜 동료들과 모임을 가질 때는 텐트에서 식사를 했다고 한다. 블레넘 궁전은 꽤 정교한 설계로 정평이 나 있다. 공작이 왕의 총애를 잃고 2년간 추방당해 궁전을 짓는 데에 오랜 시간이 걸리는 바람에 뜻밖에 좋은 결과를 얻었다.

말보로 공작이 충성을 바친 군주는 누구였을까? 그것이 궁금해진 여행자는 안내 책자를 뒤진다. 미래의 고고학자는 오랑주리 미술관이나 베르사유 궁전의 '거울의 방'에 대한 설명을 지나쳐 한때 런던의 모습이 어떠했는가에 대한 내용이 나오자 주의 깊게 살펴볼 것이다. 그리고 버킹엄 궁전의 폐허 부분에서 영국 군주제에 대한 설명을 읽을 것이다.

애드미럴티 아치Admiralty Arch(에드워드 7세가 어머니인 빅토리아 여왕을 기리기 위해 건립하였다 – 옮긴이)에서부터 궁전 문에 이르는 대로를 훑어보고는 앞마당과 중앙 발코니를 그리면서, 이곳이 세계의 먼 곳까지 통치권을 넓힌 강력한 지배자에게 얼마나 적합한 장소였는지를 생각할 것이다. 비록 미국이 과거 조지 3세의 기고만장함에 고개를 절레절레 흔든다고 할지라도 이처럼 인상적인 국가의 권좌에 앉아 있다는 것은 실로 엄청난 일이 아닐 수 없다. 뿐만 아니라 강력한 군주들이 그리니치나 논서치, 케닐워스, 화이트홀과 같은 지역에서 사라진 지 이미 오래인 건물에서 살았다는 것 또한 곧 알게 된다.

'전반적으로 허술하고 변변찮은 취향'으로 평가되는 버킹엄 궁전을 건설한 사람은 조지 4세의 궁전 건축가 존 내시이다. 하지만 칼튼 하우스나 브리튼에서 지낸 조지 4세는 완성된 궁전을 보지 못했다. 그리고 궁전을 완공하라고 명한 윌리엄 4세도 완공을 보지 못했다. 1837년에 처음으로 버킹엄에서 거주한 장본인은 빅토리아 여왕으로 1840년 결혼과 함께 새 궁전으로 옮겼다.

궁전의 건설 기간에 비해 버킹엄 궁전에 대한 여왕의 애정은 상대적으로 짧았다. 이는 여왕의 남편이 윈저성을 너무나 좋아하기 때문이기도 했지만 나중에는 여왕 자신도 발모럴성이나 오스본성을 더 좋아했기 때문이다. 이렇게 해서 버킹엄 궁전의 화려함은 이후 엄격한 입헌 군주제와 연결된다. 이때가 권력이 의회로 넘어간 시기다.

이 시점에서 우리는 자연스럽게 하원이 집결하는 웨스트

민스터는 그 자체로 의회 규율을 제대로 반영하고 있는지 의문을 가지게 된다. 최상의 기획 작품이라는 점은 말할 것도 없고 토론회 장소로 이용하기에도 최적의 장소인 웨스트민스터는 넓은 공간을 활용해 위원회 모임이나 연구 활동 등을 할 수 있고 테라스에서 차도 즐길 수 있다. 법률가가 필요로 할 법한 것은 전부 갖추고 있는 무한한 위엄과 편안함이 공존하는 건물이다.

웨스트민스터 궁전이 사용되기 시작한 것은 의회 규율이 최고의 권력으로 통했던 때부터라고 한다. 하지만 이 주장은 타당하지 않다. 원래 하원이 사용했던 건물은 1834년 화재로 훼손되었다. 당시 그곳은 논쟁의 수준만큼이나 불편함으로도 이름이 높았다. 현재의 건물은 1840년에 짓기 시작해서 1852년에는 일부가 사용되기도 했지만 1860년에 건축가가 죽는 바람에 완공되지 못했다.

결국 지금과 같은 외관을 갖추게 된 것은 1868년 무렵이다. 이때는 의회가 쇠퇴하던 시기였다. 1867년에 큰 논란 없이 개혁 법안이 마련되었고 이듬해에 의회에서 통과된 법률에 대한 모든 발안권이 내각으로 이양되었다. 'MP(Member of Parliament의 약자 – 옮긴이)'라는 글자에 붙여졌던 명성은 조금씩 쇠퇴하고 대신에 '아무리 하찮은 것이라고 할지라도 우리가 맡아야 할 역할은 있습니다'라는 말이 유행하기 시작했다. 위대한 시대의 종말이었다.

반면 의회의 쇠퇴로 상대적 비중이 높아진 내각에서는 그만큼의 변화가 일어나지 않았다. 인도 사무국의 효율성은 웨스트민스터 궁전 호텔에서 제반 설비를 제공받았던 시기에 정점에 도달했다는 사실이 조사를 통해 밝혀졌다. 그러나 보다 중요한 것은 이후에 확인된 식민성의 발전이었다.

대영 제국이 세워지는 동안 식민성(당시만 해도 하나였다)은 다우닝가에 있는 허름한 건물에 입주해 있었지만, 새로운 식민 정책이 효력을 발휘하면서 목적의식적으로 설계된 새 건물로 옮겨갔다. 이는 1875년의 일로, 새 건물은 설계가 훌륭했다. 식민성은 제2차 세계 대전 동안 새로운 생명을 얻었다. 동시에 임시로 그레이트 스미스가에 있는 건물로 옮겼는데, 영국 교회로부터 임대한 그 건물은 용도가 완전히 달랐기 때문에 상당히 불편했다. 영국 식민 정책 자료에는 웨스트민스터 병원 부지에 새 건물이 완공되는 대로 그곳으로 옮겨갈 것이라는 내용이 기록되어 있다. 하지만 그 공사는 시작조차 되지 않았다.

지금부터는 영국에서 찾아볼 수 있는 가장 중요한 사례인 뉴델리 사례를 살펴보려 한다. 영국인 건축가가 거대한 인구를 다스릴 행정 중심지로 만들기 위해 한 나라의 수도를 설계했던 일은 이때 이후에는 찾아볼 수 없다. 이렇게 뉴델리를 건설하려고 했던 사실은 1911년 인도 총독 접견실의 공식 기록으로 남아 있다. 당시 에드윈 루티엔스 경은 구상이 웅대하고도 자세하면서 설계에서 장인의 숨결이 느껴지는, 무엇보다 크기가 압도적인 말하자면 '영국의 베르사유'와 같은 건물을 구상하고 있었다.

하지만 계획 진행 단계에서 수많은 정치적 충돌이 발생했다. 1909년 인도 정부의 법률은 1912년의 인도 부왕 암살 기도, 1917년의 선언, 1918년의 몬터규-쳄스퍼드 개혁, 1920년의 법 시행에 이르는 모든 법적 행동의 전조가 되었다. 어윈 상원의원은 인도 국회가 독립을 요구하고 원탁회의가 시작된 해이자, 시민 불복종 캠페인이 열리기 전해인 1929년에 새 궁전으로 이사를 했다.

좀 장황할지 모르지만, 1927년에 도시의 설계라는 또 하나의 성공을 거둔 후 영국이 마침내 인도에서 철수하던 날의 모습이 얼마나 질서 정연했는지를 실감나게 보여주는 이야기를 끝까지 들어보는 것도 나쁘지 않다.

영국의 제국주의는 1906년의 총선거와 자유주의 및 반사회주의 사상의 물결 속에서 쇠퇴하기 시작했다. 1906년은 영국 전쟁 사무국의 문 옆에 완공 연도를 새긴 화강암을 놓은 해이기도 하다.

눈부신 승리를 거둔 워털루 전투(1815)는 영국 근위대 연병장 부근의 볼품없는 사무실에서 주도되었다. 반대로 쓰라린 패배로 끝난 다르다넬스 해전(1915)의 승인은 위엄이 넘치는 사무실에서 이루어졌다.

버지니아 주 알링턴에 있는 펜타곤의 정교한 설계는 또 하나의 중요한 교육 자료다. 펜타곤은 제2차 세계 대전이 끝날 때까지 완공되지 않았다. 당시 이 위대한 작품의 건축가들은 알링턴이 아닌 컨스티투션의 한 거리에 위치한 난잡한 군수품 건물에서 작업했다고 한다.

심지어 오늘날에도 비슷한 경우를 찾아볼 수 있다. 워싱턴에는 활동적인 기관들이 미완성된 건물에 들어가 있는 반면, 상무성이나 노동부 같은 태만한(!) 조직은 기념비적인 건물을 장악하고 있다.

긴박한 정부 사업일수록 제1차 세계 대전 기간에 세워진

'임시' 건물로 향한다. 그리고 행정부를 자극시킬 목적으로 철저하게 관리된다. 국회 의사당을 향해 가다 보면 대리석과 유리로 된 위풍당당한 건물이 먼저 보인다. 이 건물은 행동이 둔한 의회 조사원이 도착하기 전에 회의를 끝내버리는 운송 트럭 노동조합 연맹 본부이다.

▌처음에는 소박하게

여기서 우리는 능률적으로 잘 돌아가는 본부의 생명을 빼앗 아서 죽어가는 기관의 생명을 연장시키자고 주장하는 게 아 니다. 좀 더 큰 믿음을 가지고 생기자마자 소멸의 길을 걷는 조직이 없도록 미연에 방지하자는 것이다.

부감독관, 컨설턴트, 행정관 등 체제를 완벽하게 갖춘 기관 들이 우후죽순으로 생겨나고 있다. 이 단체들은 각자의 목적 에 꼭 들어맞게 설계된 건물도 함께 마련한다. 하지만 이 완 벽함이 독이 되어 스스로를 질식시키고 만다는 사실을 우리 는 경험을 통해 뼈아프게 깨달아왔다.

흙이 부족하다고 해서 식물의 뿌리를 뽑아버려서는 안 된다. 이미 다 자란 식물을 인위적으로 더 성장시키는 일은 더 더욱 불가능하다. 자칫하다가는 식물이 꽃과 열매를 피우기 도 전에 죽을 수도 있다. 이 식물의 운명은 어찌 보면 국제 연 맹을 위해 설계된 건물의 운명과 같다. 슬픈 얼굴의 전문가들 이 생명을 다한 건물 위에 흰 천을 덮어씌우고 조용히 뒤돌아 나가는 장면은 더 이상 없어야 한다.

7장

핵심 인물 가려내기

칵테일파티의 공식

"중요 인물은 파티 시작 45분 후에 등장한다.'"

파킨슨의 설명에 따르면, 중요 인물은 사람들의 주목을 받으며 등장하기 위해 파티에 일부러 늦게 나타나고, 사람들의 관심을 끌기 위해 특정 행동을 한다고 한다. 파킨슨은 이러한 핵심 인물들의 자만과 허영을 날카롭게 지적한다.

여기서는 중요 인사들의 행동 양태를 흥미롭게 분석할 예정이다. 아울러 생물학적 근거를 들어 사람들이 파티장 중앙을 피하고 시계방향으로 움직인다는 흥미로운 주장을 펼쳐 보일 것이다.

현대인의 삶에서 칵테일파티는 필수적인 요소로 자리 잡았다.

이 관습은 국제회의, 학계 모임, 산업계 회의 등에서 중요한 역할을 한다. 이러한 회합에서 칵테일파티를 한 번도 열지 않는다는 것은 불가능에 가깝다. 그런데 칵테일파티의 기능이나 활용 방법에 대한 과학적 연구는 이루어진 바가 별로 없었다. 이제 여기에 대해 주의 깊게 고찰해볼 때다. 과연 우리는 정확히 무엇을 얻고자 칵테일파티를 여는 것일까?

이에 대한 대답은 다양할 것이며, 그것으로 칵테일파티가 여러 가지 목적을 동시에 충족시킨다는 점을 분명히 알 수 있다. 여기서는 임의로 한 가지 목적을 설정하고, 과학적 방법을 동원하여 이 목적을 더욱 완벽하고 신속하게 달성하는 방법에 대해 알아볼 것이다.

우선 파티에 참석한 다양한 인물들의 상대적 중요도를 밝혀내는 문제를 살펴보자. 참석자들의 공식적인 지위나 연공서열을 알아보는 것은 잘 알려진 방법이다. 그러나 지금 진행 중인 업무에서 각 참석자가 갖는 실제적 비중은 과연 어떠한가? 업무의 결정적 열쇠를 쥔 사람이 공식적으로는 최고위직 인사가 아닌 경우도 흔하다.

이렇게 예상치 못한 인물들이 실제적인 영향력을 가지고 있다는 사실은 통상적으로 회합이 끝날 무렵에야 드러나곤 한다. 만일 회합 초반에 그들의 영향력을 파악하게 되면 얼마나 큰 도움이 될까? 이러한 면에서 회합의 둘째 날에 열리는 칵테일파티는 핵심 인물을 가려내는 좋은 기회가 된다.

사람들은 파티장에서 어떻게 움직이는가

과학적인 연구를 위해 파티가 열리는 공간은 한 층이며 공식적인 입구도 한 군데로 제한하자. 아울러 초대장에 적힌 파티

일정은 총 2시간이지만 실제로는 2시간 20분 정도라고 가정한다. 마지막으로 음료는 파티장 어디서든 자유롭게 제공되고 있다고 전제한다. 한곳에 정해진 칵테일 바를 상정하면 문제의 본질이 흐려질 수 있기 때문이다. 이제 파티 참석자들 가운데 피상적 중요도와 상관없는 진정한 핵심 인물을 어떻게 가려낼 수 있을까?

내 이론의 기초가 되는 사실 중 가장 잘 알려진 것은 사람들이 움직이는 방향이다. 파티장에 도착한 손님들은 자동적으로 왼쪽으로 돌기 시작한다. 이 흐름은 매우 흥미로운 현상이지만 생물학적으로 어느 정도 설명이 가능하다.

심장은 신체의 왼쪽에 있다(정확히 말하면 그렇게 보인다). 그러므로 원시적 형태의 전쟁에서 방패는 왼쪽 부분을 보호하기 위해 사용되었으며 오른손에 공격 무기를 들었다. 가장 보편적인 공격 무기는 바로 칼집이 있는 칼이었다. 따라서 오른손으로 칼을 휘두르는 동안 칼집은 왼손에 들려 있다. 말을 탈 때 칼집을 왼손에 쥔 채 말의 오른쪽에서 올라타려면 꼬리를 향해 거꾸로 타는 수밖에 없는데 보통 이렇게 말을 타지는 않는다.

한편 왼쪽에서 말을 탈 경우 길 왼쪽에 말을 세워두는 편이 수월하다. 그래야 말을 타느라 행인의 통행에 방해를 주는 일이 없다. 따라서 왼쪽을 고수하는 것은 자연스럽고 합리적인 관행이 되었다. 이와 반대로 (일부 국가에서 적용되듯이) 오른쪽을 고집하는 것은 오래 지속된 인간 본능과 상충된다. 강제적으로 정해놓은 교통 규칙이 아니더라도 사람은 보통 왼쪽으로 움직이기 마련이다.

두 번째로 알려진 사실은 사람들이 공간의 중앙보다는 양측면을 선호한다는 점이다. 이는 식당에서 자리가 채워지는 순서를 보면 쉽게 이해할 수 있다. 우선 왼쪽 벽을 따라 놓인 테이블이 가장 먼저 채워지고, 그다음이 제일 뒷부분, 그 후 오른쪽 벽을 따라 있는 테이블, 마지막으로 (마지못해) 가운데에 있는 테이블의 순서로 손님이 채워진다. 중앙 공간의 기피 현상 때문에 일부 식당 운영자들은 그 부분을 아예 댄스 스테이지로 만들기도 한다.

물론 이와 같은 행동 양식은 외부적인 요인들, 예를 들면 뒤쪽 창가에서 멋진 경관을 볼 수 있다든지 하는 이유로 뒤바뀔 수 있다. 그렇지만 창밖의 멋진 풍경과 같은 예외적인 요소들을 배제하면 식당은 앞서 말한 대로 왼쪽에서 오른쪽의 순서로 채워진다.

가운데 자리를 꺼리는 성향은 선사 시대에 형성된 본능에서 기인했을 수도 있다. 동굴생활을 했던 원시인들은 타인의 동굴에 들어갈 때 갑작스러운 공격에 대비해 벽을 등진 채 방어 태세를 갖추었다. 동굴의 한가운데에서는 공격을 당할 위험이 너무 컸기 때문이다. 원시인들은 중얼대며 자신을 지켜줄 몽둥이를 만지작거리면서 동굴 벽면을 따라 안으로 들어갔을 것이다.

현대인들도 이와 비슷한 행동을 보인다. 파티장에서 겸연쩍어 혼잣말을 하면서 자신의 나비넥타이를 손으로 만지작거리는 것이다. 칵테일파티장의 기본적인 동선은 식당에서의 흐름과 일치한다. 즉 사람들은 실제로 벽에 몸을 붙이지는 않지만 측면을 따라 움직이는 경향을 보인다.

이제 이러한 두 가지 사실, 즉 왼쪽으로 움직이는 경향과 공간의 중앙을 회피하는 경향을 조합해보자. 그러면 우리의 실생활에서 빈번하게 관찰되는 현상, 즉 사람들이 시계방향으로 움직이는 현상에 대한 생물학적 설명이 가능해진다. 물론 그때그때 작은 변수들이 있을 수는 있다. 예를 들어 많은 여성들이 자기가 싫어하는 사람을 피하거나 또는 좋아하는 사람에게 다가가기 위해 인위적으로 방향을 트는 것처럼 말이다.

그렇다 하더라도 전체적으로 볼 때 공간의 벽을 따라 시계 방향으로 돌아가는 것에는 예외가 없다. 중요 인사나 말 그대로 '흐름을 타는' 사람들은 절대적으로 대세를 따른다. 그들은 평균적인 속도로 움직이며 보편적인 관례에 따라 행동한다.

반면 벽에 딱 붙은 채 매주 만나는 사람과 지나치게 깊은 대화를 나누고 있는 사람은 결코 중요한 인물이 아니다. 그리고 한구석에 박혀서 움직이지 않는 사람은 소심하고 무기력한 사람이다. 한편 흐름을 무시하고 중심부로 밀고 들어가는 사람은 어리석은 괴짜라고 보면 된다.

다음으로 사람들의 도착 시간에 대해 연구해보자. 핵심 인물들은 대개 자기가 편한 시간에 파티장에 도착한다. 그들은 파티장까지 오는 시간을 너무 길게 잡는 바람에 예정보다 10분이나 일찍 도착하는 부류가 결코 아니다. 마찬가지로 시계가 고장 나는 바람에 파티가 거의 끝날 무렵에야 헐레벌떡 뛰어들어오는 자들도 핵심 인물은 아니다. 우리의 연구 대상은 자신이 언제 등장할지를 제대로 고를 줄 아는 사람들이다.

그렇다면 그 시기는 도대체 언제인가? 이는 두 가지 사항을 고려하여 결정된다. 첫째, 자신의 도착을 지켜볼 사람들이 충분히 모인 후에 입장한다. 아울러 다른 중요 인사들이 (흔히 그러하듯) 다른 파티장으로 떠나버리기 전에는 도착해야 한다. 따라서 그들의 도착 시간은 최소한 파티가 시작된 지 30분 후, 파티가 끝나기 1시간 전이라는 계산이 나온다. 이로써 초대장에 적힌 시간에서 정확히 45분이 지났을 때가 바로 최적의 도착 시간이라는 답을 도출할 수 있다. 예를 들어 파티가 6시 30분에 시작한다면 입장하기 가장 좋은 타이밍은 7시 15분이다.

이쯤에서 최적의 도착 시간만 파악하면 모든 문제가 해결된다고 생각하는 사람이 있을 것이다. 어떤 사람은 "그다음 일에 대해서는 신경 쓸 필요가 없다. 스톱워치를 들고 출입문만 지켜보고 있으면 된다."라고 말할 수도 있다.

경험 많은 연구자들은 이러한 생각을 가볍게 비웃어 넘긴다. 누군가 7시 15분에 정확히 도착했다고 해서 그 사람이 일부러 그 시간에 맞추어 왔다고 장담할 수 있는가? 6시 30분에 도착하려 했지만 도중에 길을 잃는 바람에 그제야 도착했을지 모른다. 아니면 파티 시작 시간을 7시 15분으로 잘못 알았을 수도 있다. 혹은 어떤 이들은 초대받지 않았는데 파티장에 왔을 수도 있다. 다른 날 다른 장소에 초대된 손님이 착각하여 오는 경우도 있다. 결과적으로 중요한 손님이 7시 10분에서 7시 20분 사이에 도착할 것이라고 결론짓는 것은 상관없다. 하지만 그 즈음에 입장하는 모든 사람을 핵심 인물로 간주하는 것은 결코 올바르지 않다.

▍핵심 인물들의 독특한 행동

이제 앞서 소개한 범주를 활용하여 우리의 이론을 시험하고 완성할 단계가 되었다. 사회적 경향을 완전히 이해하고 싶을 때 수력 실험실에서 사용하는 기법을 차용하는 것도 좋다. 얇은 유리판 위를 흐르는 물에 코치닐 염료를 떨어뜨리면, 물이 교각 주위를 어떤 패턴으로 흐르는지 확인할 수 있다. 물론 유리판 위에는 모형 교각이 설치되어 있어야 한다. 그 후 위에서 사진을 찍어 염료가 어떤 형태를 그리며 흐르는지 관찰한다.

　이와 마찬가지로, 칵테일파티에서 중요 인사라고 알려진 사람들을 코치닐 염료(코치닐 선인장에서 추출한 적색 혹은 보라색 안료 - 편집자)로 표시하듯이 점찍은 다음 파티장 2층 발코

니에서 그들의 움직임을 사진으로 찍는다. 이러한 방식의 연구 진행은 결코 쉽지 않다. 하지만 어떤 사회적 표본에는 이미 '표시'가 되어 있으므로 이들을 대상으로 연구하면 그리 어렵지는 않을 것이다.

1세기쯤 전 영국 식민지의 한 총독이 고위직 남성들에게 흰색 대신 검은색 양복을 입자고 설득한 적이 있었다. 처음에는 그의 설득과 시범이 사람들에게 전혀 통하지 않았다. 다만 상관의 뜻을 어길 도리가 없는 공무원들만 어쩔 수 없이 검은색 양복을 입기 시작했다. 그런데 결과적으로 이는 새로운 관례로 정착되어 오늘날까지 지켜지고 있다. 당시 정부 고위직 관리들은 지시에 따라 검은색 양복을 입었고 나머지 사람들은 흰색 양복을 입었다. 지금도 공무원은 사회에서 중요한 위치를 차지하고 있다. 그러므로 연구자들은 검은색 양복을 입은 공무원들의 움직임만 따라가면 된다.

다양한 상황에서 그들의 행동 패턴을 사진으로 찍어보면 지금까지 설명한 이론들을 확인하고 아울러 마무리 단계에 이른 최종 연구 결과를 산출할 수 있다. 신중하게 관찰한 결과 의심의 여지 없이 검은색 양복을 입은 사람들은 7시 10분에서 20분 사이에 도착한다는 사실을 알 수 있었다. 그들은 왼쪽에서부터 파티장을 빙 돌며 움직인다. 구석과 벽 쪽으로는 가지 않으며 중앙부 역시 외면한다.

지금까지 그들이 취한 행동은 나의 이론과 거의 일치했다. 하지만 우리가 아는 것 이상의 예기치 못한 현상들도 목격했다. 그들은 불과 30분 만에 오른쪽 끝 구석자리에 도달하여 그곳을 10분 정도 배회했다. 그러고는 다소 갑작스럽게 파티장을 떠나려 했다. 내가 이러한 행동의 의미를 깨닫게 된 시점은 당시의 사진을 오랫동안 면밀히 연구한 후였다.

그들이 움직임을 멈춘 까닭은 다른 핵심 인물들이 자신을 따라잡을 수 있게 하기 위해서였다. 즉 7시 10분에 도착한 사람들은 7시 20분에 도착한 사람들이 다가오기를 기다리고 있었던 것이다. 핵심 인물들 간의 친교 모임은 오래 걸리지 않았다. 그들은 단지 자신이 파티에 참석했다는 사실에만 사람들이 주목하기를 바랐다. 이 목적이 달성되면 그들은 지체 없이 자리를 뜨기 시작하여 대개의 경우 8시 15분 무렵이면 모두 사라졌다.

칵테일파티의 공식

각종 사교 모임을 관찰하면서 알게 된 공식들은 다른 모임에도 충분히 적용될 수 있다. 이 공식은 적용하기도 쉽다. 정말로 비중 있는 사람을 찾아내려면 우선 머릿속에서 전체 파티장을 몇 구역으로 나누어보면 된다. 그리고 그 구역들을 왼쪽에서부터 차례로 A, B, C, D, E, F 지역으로 명명한다. 다음으로 입구에서부터 가장 안쪽까지 1에서 8의 순서로 번호를 매긴다.

파티가 시작되는 시간을 H라고 하자. 마지막 손님이 떠나는 시간은 대체로 첫 손님이 도착한 지 2시간 20분가량 지났을 때다. 이 시간을 H+140이라고 부르자. 이제 핵심 인사를 찾아내는 일은 매우 간단하다. 그들은 바로 H+75에서 H+90 사이의 시간대에 E·7 지역에 모여 있는 사람들이다. 가장 중요한 인사는 바로 그 무리의 한가운데 있는 사람이라고 보면 백발백중이다.

물론 이러한 법칙이 유효성을 지니려면 일반 대중에게 알려져서는 안 된다. 그러니 이 장의 내용은 극비 사항으로 분류하여 단단히 숨겨두어야 할 것이다. 사회과학도들도 일반 대중이 이 정보를 알게 되는 일이 없도록 주의해야 한다.

8장

무능과 질시

조직의 마비

'무능'과 '질시'는 조직을 마비시키는 병균이다. 여기에 감염된 개인과 조직은, 뛰어난 사람이 승진하거나 임용되는 것을 백방으로 막고 자신보다 못한 사람들만 고용하여 자신의 무능을 감추려는 특징을 보인다.

무능과 질시라는 중증에 감염된 한 사람으로 인해 조직 전체에 병균이 퍼진다. 이렇게 해서 무너지는 조직을 회생시키려면 기존의 모든 것을 포기해야 한다. 하지만 세상에는 이 병에 걸리고도 치유할 결심을 하지 않는 조직이 부지기수이고, 과거와의 선을 과감하게 끊지 못하는 유약한 조직도 많다. 이 고질병의 위력은 오늘날에도 사그라지지 않고 있다.

둔하고 고집만 센 고위 간부, 상대방에 대한 음모를 꾸미는 데 골몰한 중간 관리자, 무기력하고 어리석은 하급 직원으로 구성된 조직은 행정, 상업, 학술 등 분야를 불문하고 어디서나 흔히 볼 수 있다. 이러한 조직에서는 새로운 시도나 성취를 기대할 수 없다. 그런데 이렇게 딱한 상황을 살펴보면, 대부분 실권자들이 나름대로 최선을 다했고 역경을 이겨내려 몸부림쳤으나 결국 패배하고 말았음을 발견할 수 있다. 한 연구 결과는 이와 같은 실패가 결코 남의 일이 아니라는 사실을 보여준다.

지금까지 살펴본 부실 조직들 가운데에는 사전에 목표를

정하고 오랜 기간 노력을 기울인 후 최후의 혼수상태에 이르게 된 경우가 많다. 사실 이는 조직 스스로 자초한 병이다. 최초로 징후가 나타난 이래로 병의 진행이 가속화되고 원인이 강화되며 증세는 악화된다. 이것이 바로 '무능'과 '질시'라 불리는 열등감이 자초한 병이다. 이 병은 생각보다 흔하면서도 치료가 매우 어렵기 그지없다.

조직의 마비 현상에 대한 연구는 최초 징후에서 최후 혼수상태까지의 과정을 논리적으로 서술하는 것에서 시작된다. 두 번째 단계에서는 병의 증상을 진단하는 방법을 연구한다. 세 번째 단계에서는 치료 방법을 규명해야 하지만 치료법에 대해 알려진 바가 거의 없다. 게다가 영국 의학계는 전통적으로 이 주제를 연구하는 데에 소극적인 태도를 취해왔기 때문에 치료법을 발견하는 일이 쉽지 않다.

영국의 의료 전문가들은 대개 증상을 자세히 관찰한 후 원인을 밝히는 편이다. 이와 대조적으로 프랑스는 치료법을 제시한 다음 진단에 대해 논의한다. 영국식 접근법이 더 매력적으로 느껴진다면 그 까닭은 영국식이 훨씬 과학적이기 때문이다. 비록 환자를 치료하지 못하더라도 말이다. 희망을 가지고 여행을 지속하는 것이 목적지에 닿는 일보다 더 중요하다.

▌무능과 질시의 확산 과정

이 병의 첫 번째 조짐은 무능력과 질투심으로 똘똘 뭉친 인물이 조직에 등장하는 데에서 시작된다. 무능력과 질투심 자체는 심각한 게 아니며 대부분의 사람들이 조금씩은 이러한 특성을 지니고 있다. 그렇지만 어떤 사람에게 무능력과 질투심이 일정 수준 이상으로 상존하면 두 특성은 화학 반응을 일으킨다(이 수치는 I8J5 공식으로 표시할 수 있다). 즉 두 요소가 서로 혼합되어 새로운 성분이 탄생하는 것이다.

한 조직에서 자신의 부서 업무는 아무것도 하지 않으면서 다른 부서 일에 간섭하고 조직의 핵심 권력을 장악하기 위해 끊임없이 애쓰는 사람이 나타났다면, 그 조직에서 무능과 질시의 조짐이 나타난 것으로 간주해도 무방하다.

이처럼 무능력과 야심이 결합한 특수한 경우를 보면, 전문가들은 고개를 절레절레 흔들며 '초기성 내지는 특발성 무능과 질시'라는 진단을 내린다. 앞으로도 살펴보겠지만 이 증상은 너무 뚜렷해서 오진할 가능성이 없다.

이 질병의 두 번째 진행 단계는 감염자들이 중앙 부서의 전체 혹은 부분을 장악할 때 나타난다. 이 단계는 잠복기도 없이 바로 나타나는 경우가 많은데, 감염자가 중앙 부서의 높은 지위로 바로 승진하는 경우가 이에 해당된다. 이 단계의 감염자들은 한 가지 눈에 띄는 행동 양식을 보인다. 자신보다 유능한 사람을 축출하려고 백방으로 애쓰는 것이다. 아울러 뛰어난 자질을 갖춘 부하 직원의 임명이나 승진을 극구 저지하려고 노력한다.

예를 들어 그러한 사람들은 "별표 씨(Mr. Asterisk)는 정말 유능해."라고 말하는 법이 없다. "별표 씨? 뭐, 똑똑한 것 같기는 한데……. 그런데 그 사람 인간성은 어떤가? 나는 왠지 영표 씨(Mr. Cypher)한테 마음이 끌리는걸." 등과 같은 화법을 쓴다. 또 "별표 씨 앞에 서면 내가 참 초라해 보여." 같은 말도 절대 하지 않는다. 대신 "내가 보기에 영표 씨의 판단력이 더 좋은 것 같더군."이라고 말한다.

'판단력'이라는 말은 아주 재미있는 단어로서 이 맥락에서는 지성과 반대되는 개념으로 쓰이고 있다. 다시 말해 여기서 말하는 판단력은 지난번에 했던 대로 똑같이 한다는 의미인 것이다. 유사한 평가가 계속되면 영표 씨는 승진을 하고 별표 씨는 다른 직장으로 옮겨가게 된다.

이렇게 해서 중앙 관리 부서는 점차 회장이나 전무, 상무

들보다도 더 어리석은 사람들로 채워진다. 만일 어떤 조직의 장이 이류밖에 안 되는 사람이라면 그는 자신의 직속 부하를 모두 삼류로만 채우려 할 것이며, 삼류 중간 관리자들은 자기 부하 직원들을 모두 사류들로 채워나갈 것이다. 이렇게 해서 결국 누가 더 어리석은지 경쟁하는 단계가 오고 사람들은 실제보다 훨씬 더 멍청한 척 행동하게 된다.

이 징후의 세 번째 단계에 이르면 최상부에서 말단 부서에 이르기까지 조직 전체에 지성이라고는 흔적조차 남아 있지 않게 된다. 이는 곧 우리가 이 장의 서두에서 설명한 '혼수 상태'를 뜻한다. 세 번째 단계에 이른 조직은 사망 상태와 다름없다. 이러한 조직은 20년 넘게 혼수상태로 유지되거나 조용히 와해될 수 있다. 간혹 기사회생하는 조직이 있지만 극히 드물다. 아무 조치를 취하지 않았는데 회생은 있을 수 없는 일이다.

그렇지만 회생 과정 자체는 아주 자연스럽다. 회생 과정은 치명적이었던 독소들에 대항해 다양한 유기체들이 점차 저항력을 키우는 것과 같다.

세 번째 단계는 방해되는 모든 능력자들을 없애버릴 만큼 강력한 DDT 용액(유기 염소 계열의 살충제 – 옮긴이)을 조직 전체에 살포한 것과 흡사한 효과를 보인다. 살충제의 효과는 몇 년간 지속된다. 그러다 마침내 개인들이 이에 대한 저항력을 기르게 된다. 그들은 엉뚱한 유머를 구사하면서 가면 속에 자신의 능력을 숨기기 시작한다. 유능한 사람을 제거하는 임무를 맡은 사람들은 (어리석기 때문에) 능력자들의 겉모습에 속아 상대방의 숨은 능력을 인식하지 못한다.

이러한 능력을 지닌 개인은 장애물을 뚫고 조직의 정상을 향해 착실히 나아가기 시작한다. 그는 골프 등에 대해서 주절거리거나 헤헤거리고 또는 서류를 잃어버리거나 상대방의 이름을 잊어버리는 등 다른 사람들과 똑같이 행동하면서 이리저리 배회한다. 그러다 결국 높은 지위에 도달하면 가면을 벗어던지고 어리석은 군중 사이에서 왕처럼 강력한 모습을 드러낸다. 고위직에 있는 사람들은 그제야 그들 한가운데서 능력자의 존재를 발견하고 경악을 금치 못한다. 조치를 취하기에는 이미 너무 늦어버린 때다.

어리석은 집단에 치명타가 가해지고, 조직 내 질병 증세가 점차 사라지며, 10년 후에는 완치도 기대할 수 있다. 하지만 이렇게 자연 치유가 되는 예는 지극히 드물다. 일반적으로는 이러한 질병이 앞서 말한 모든 단계를 거쳐 결국은 조직을 치료 불능의 상태에 빠뜨린다.

█ 병든 조직 판별법

지금까지 무능과 질시라는 병이 무엇인지 살펴보았다. 이제 질병의 증상과 치료 가능성에 대해 알아보자. 정확성을 기하기 위해서는 잘 분류된 가상의 사례를 들어 감염 경로를 자세히 설명해야 한다. 이는 공장이나 병사, 사무실, 대학 등의 장소에서 대충 훑어보고 증상을 파악하는 것과는 질적으로 다르다.

예를 들어 부동산 중개인의 태도를 보면 그가 구매자 측인지 판매자 측인지를 한눈에 알 수 있다. 구매자를 대신해서 매물을 살펴볼 경우, 그는 틀림없이 찬장의 문을 활짝 열어보거나 건물 내벽의 밑 부분을 발로 툭툭 차면서 "너무 건조해서 상했군." 등의 말을 할 것이다. 하지만 판매자를 대신해서 집을 보여줄 때는 창밖 경치로 눈을 돌리게 하고는 슬쩍 찬장 열쇠를 감출 것이다. 이와 마찬가지로 정치학자들은 아무리 초기라도 잠시 이리저리 탐색해보고 나면 이 질병의 증세를 쉽게 인지할 수 있다.

그렇다면 어떻게 질병의 시작을 알 수 있을까? 질병이 초래된 최초의 원인이 그대로 남아 있다면 진단하는 데에 큰 어려움이 없다. 뿐만 아니라 병원균이 활동을 중지한 경우에도 진단은 가능하다. 병의 영향력을 공기 중에서 분명히 감지할 수 있기 때문이다. 이는 구성원들의 대화 속에서 잘 드러난다.

"너무 많은 일을 시도하는 것은 실수일지 몰라. 우리는 최고위층과 결코 맞설 수 없어. 밑바닥에서도 우리는 꽤 중요한 일을 하고 있고 다들 이 나라에 필요한 존재라고. 거기에 만족 해야지." "우리는 일류인 척하지 말자. 일벌레들이 자기 일에 대해 떠벌리는 것을 보면 우습기 짝이 없어. 자기가 무슨 CEO라도 된 것처럼 말한단 말이야."

아니면 "젊은 직원 몇몇이 다른 회사에 최고 대우로 스카우트되었대. 그중 한둘은 일이 엄청나게 많은 곳으로 갔나봐. 그들이 알아서 현명하게 판단한 일이겠지. 그들이 성공한 건 참 다행스러운 일이야. 아이디어와 인력의 교환은 좋은 일이지. 물론 최고위층에서 왔다는 사람들 몇몇은 다소 실망스럽기도 하지만. 그 집단에서 낙오한 사람들만 우리한테 오니까 말이야. 어쨌거나 불평해서는 안 되지. 우리는 최대한 마찰을 피해야 해. 겸손하게 굴어야 나중에 잘하라고 주장할 수도 있는 거 아니겠어."

이러한 대화들이 의미하는 바는 분명하다. 그 집단의 성취 기준이 매우 낮게 설정되어 있다는 것이다. 즉 원칙적으로 기준이 낮으며 이후에도 더 낮은 기준들만 무리 없이 받아들여진다. 이류 관리자들이 자기 아래에 있는 삼류 실무자들에게 제시한 지침에는 그저 최소한의 목표와 비효율적인 수단만 가득할 뿐이다. 또 높은 수준의 능력은 결코 원하지 않는다. 조직이 효율적으로 움직이면 관리자의 통제가 불가능해질 수 있기 때문이다. 이는 마치 '영원한 삼류'라는 신조를 현판에 새겨 정문에 걸어놓은 꼴이다. 이쯤 되면 삼류를 유지하는 게 정책의 기본 원칙이 되어버린다.

그렇지만 아직 좀 더 높은 성취 기준이 암암리에 존재한다는 것도 감지된다. 이러한 초기 단계에서는 최고위층에 대해 언급할 때 옹호의 기색이나 불편한 감정이 남아 있다. 다만 이 옹호나 불편함이 오래가지 않는다. 다음에 살펴볼 두 번째 단계가 신속하게 오기 때문이다.

두 번째 단계의 주요 증세는 자만이다. 원래 목표가 낮게 책정되었으므로 대부분의 목표는 달성할 수 있다. 10미터도 떨어지지 않은 과녁에 대고 활을 쏘는 셈이니 점수가 높게 나오는 것은 당연하다. 모든 부서가 처음에 설정했던 목표를 무리 없이 달성하면 부서장들은 심각한 자만에 빠진다. 자신이 뭔가를 이루겠다는 목표를 설정했는데 이제 그 목표를 (겉보기에) 달성한 것과 다름없으니 말이다.

그들은 적게 노력하여 쥐꼬리만 한 결과를 얻은 것뿐이라는 사실을 쉽게 잊는다. 노력파들과는 달리 자신이 성공했다는 사실에만 관심을 쏟는다. 그들의 잘난 척은 점점 더 심해진다. 다음은 자만이 그대로 드러나는 그들의 대화다.

"우리 회장은 알면 알수록 생각이 건전하고 머리도 아주 좋은 것 같아. 그는 이것저것 말하는 편이 아니야. 워낙 성격이 그러니까. 그런데 실수도 거의 하지 않거든(실수를 하지 않는다는 것은 아무 일도 하지 않는다는 것과 같은 말이다)." "우리는 명석하다는 사람을 믿지 않아. 똑똑한 사람들은 업무 관행을 뒤집어엎고 듣도 보도 못한 이상한 계획들만 계속 제안하잖아. 아주 골칫덩어리라니까. 우리는 상식과 팀워크만으로도 너끈히 해내는데 말이야." "우리 구내식당은 회사의 자랑거리야. 도대체 이 식당 운영자는 그 가격에 어떻게 그렇게 맛있는 식사를 내놓는지 모르겠어. 그런 훌륭한 사람이 식당을 운영해서 얼마나 다행인지 몰라!"

마지막 말은 내가 더러운 냅킨으로 가득 찬 테이블에 앉아 도저히 입에 댈 수 없고 정체도 모호한 음식과 형편없는 커피 냄새에 몸서리를 치고 있을 때 들었다.

구내식당을 살펴보면 사무실에서보다 더 많은 사실을 알아낼 수 있다. 상대방에 대해 재빨리 판단할 때 일반 가정집에서는 화장실을 살펴보고(화장실에 여분의 화장지가 준비되어 있는지 등), 호텔에서는 물병의 상태를 살펴보는 것과 마찬가지로 구내식당을 통해 그 기관의 상태를 판단할 수 있다. 어두침침한 갈색이나 희끄무레한 녹색 장식이 있지는 않은지, 무거운 자주색 커튼이 드리워진 것은 아닌지(혹은 아예 없는지), 꽃이 눈에 띄는지, 수프에 보리 알갱이가 떠다니지는 않는지(죽은 파리도 들어 있을 수 있다), 제공되는 메뉴가 온갖 잡탕에 곰팡이덩어리는 아닌지, 이 온갖 문제에도 불구하고 기관의 관리자들은 만족스러워하는지 등을 살펴보자.

만약 그렇다면 이 조직은 정말 최악의 상태에 처해 있다고 볼 수 있다. 조직의 책임자들은 자만으로 인해 음식과 오물도 구분하지 못하는 단계에 이른 것이다. 이것이 바로 절대적인 자만이다.

이 질병의 세 번째이자 마지막 단계는 무관심이 자만을 대신하는 상태다. 관리자들은 더 이상 다른 기관과 비교해서 자신의 효율성을 자랑하려 들지 않는다. 그들은 다른 기관이 있다는 사실조차 이미 망각해버린 것이다. 그들은 더 이상 구내식당에 가지 않는다. 대신 사무실에서 책상 가득히 부스러기를 떨어뜨리며 샌드위치 먹는 것을 더 좋아한다.

게시판에는 4년 전에 열렸던 음악회 안내문이 그대로 올려져 있다. 브라운 씨의 방 앞에는 '스미스'라고 적힌 명패가 붙어 있고, 스미스 씨의 방문에는 여행 가방 이름표 위에 바랜 글씨로 '로빈슨 씨'라고 쓰여 있다. 깨진 창문에는 종잇조각을 덕지덕지 붙여놓았고, 전등 스위치를 건드릴 때마다 감전되어 따끔한 충격이 느껴진다. 천장에 칠한 회반죽은 벗겨져 조각조각 떨어져내리고, 벽에는 온갖 얼룩이 져 있다. 엘리베이터는 고장 난 지 오래이고, 화장실 수도꼭지는 꽉 잠기지 않아 늘 물이 샌다. 부서진 천장 채광창에서는 물방울이 떨어져 여기저기 양동이를 받쳐두었고, 지하실 어딘가에서 배고픈 도둑고양이의 울음소리가 들려온다.

이 병의 마지막 단계에 이르면 전체 조직이 금방이라도 와해될 것 같은 상태가 된다. 증세가 너무나 광범위하고 명백해서 숙련된 연구자라면 직접 방문하지 않고 전화만 걸어보아도 증세를 감지할 수 있을 정도다. 상대방이 짜증스러운 목소리로 성의 없이 응답한다면 전문가로서는 더 이상 조사할 필요도 없다. 그저 수화기를 내려놓으며 안되겠다는 듯 머리를 흔들 뿐이다.

아마도 그 전문가는 혼잣말로 "세 번째 단계가 이미 상당히 진행되었군. 수술도 소용없겠어."라는 진단을 내리지 않을까. 이미 어떤 치료법도 적용하기에 늦어버린 것이다. 실제적으로 이 기관은 이미 죽은 것이나 진배없다.

▌무능한 조직에 대한 처방

지금까지 우리는 병리 현상을 내부와 외부에서 차례로 살펴보았다. 이제 이 현상의 시작과 진행 형태 그리고 결과에 대해서 알게 되었다. 또 병을 감지할 수 있는 여러 증상들에 대해서도 알아보았다. 영국의 의학 기술도 이와 같은 단계 이상을 나아가는 경우는 거의 없다.

일단 병을 찾아내서 이름을 붙이고 증상을 자세히 서술 및 설명하고 나면 영국 학자들은 이에 크게 만족하여 다른 질병에 대한 연구로 넘어가는 것이 보통이다. 환자가 치료법을 물으면 그들은 매우 놀란 표정으로 어떤 환자에게든 그저 발치 전후에 페니실린을 투약하라는 정도의 말만 해줄 뿐이다. 한눈에도 질병의 치료법은 영국 학자들의 흥미를 끄는 주제가 아님이 분명해 보인다.

그러면 우리도 똑같이 해야 할까? 아니면 정치학자로서 이와 같은 현상에 대해 무엇을 할 수 있을지를 고찰해보아야 할까? 이 단계에서 가능한 치료법을 자세히 논의한다는 것이 시기상조임은 분명하지만, 시도해볼 만한 문제 해결의 범위를 포괄적으로나마 제시하는 것은 매우 의미 있는 일이다.

우선 몇 가지 원칙을 세워보면 다음과 같다. 첫 번째는 '이 병에 걸린 조직은 자체적으로 치유될 수 없다'는 것이다. 물론 아무 경고도 없이 나타난 질병이 특별한 치료를 받지 않았는데 절로 사라진 예가 있기는 하다. 그렇다 하더라도 극히 드문 경우이고 전문가들은 이러한 현상은 정상적이지 않고 바람직하지도 않다고 본다. 치료는 특성이 어떻든 외부에서 시작되어야 한다. 맹장염에 걸린 환자가 국소 마취를 하고 스스로 자기 맹장을 잘라내는 일이 물리적으로 아예 불가능한 것은 아니지만 아무도 그렇게 하지 않는다. 환자가 자신을 수술하는 경우는 극도로 특수한 경우 말고는 없다.

우리의 첫 번째 원칙도 환자와 수술 의사는 절대 동일인이어서는 안 된다는 것이다. 어떤 조직 내에 병리 현상이 상당히 진행된 상태라면 반드시 외부 전문가의 도움을 구해야 한다. 물론 비용의 부담이 있을 수 있다. 하지만 단순히 돈이 문제가 아니라 조직의 사활이 걸린 문제라는 사실을 명심해야 한다.

두 번째 원칙은 이 병의 초기 단계는 간단한 주사 요법으로 다스릴 수 있고, 두 번째 단계는 경우에 따라 외과적 수술로 치료될 수 있지만, 세 번째 단계에 이르면 현재로서는 치료법이 없다는 것이다. 의사들이 내복약으로 병을 치료하던 시절도 있었지만 지금은 아니다. 또 의사들이 좀 더 추상적인 심리학 이론을 끌어오던 시기도 있었지만 그것 역시 오늘날의 대세는 아니다. 대부분의 정신 분석학자들이 정신적으로 정상이 아니라는 사실이 밝혀졌다. 근래에는 주사 요법과 외과적 절제 수술이 치료법의 대세를 이루고 있다. 정치학자들도 이에 상응하는 사회 과학적 치료법을 개발해야 한다.

초기 단계에 있는 조직에는 두말할 것 없이 주사 요법을 써야 한다. 이때 주사약에 물 이외에 어떤 성분을 넣어야 할지 신중히 고민해야 한다. 기본적으로 주사약에는 활성 성분이 포함되어 있어야 한다. 그렇다면 어떤 성분을 선택할 것인가?

조직의 사활을 걸고 강력한 처방을 해야 한다면 '완고함'이라는 성분을 다량 투여하는 게 좋다. 그러나 이 성분은 손에 넣기 어렵고 너무 강력해서 부작용이 심각하다. '완고함'이라는 성분은 군대 특무 상사의 피에 가장 많이 흐르고 있다. 여기에는 두 가지 요소가 화학적으로 결합해 있다. 최선을 다하는 것만으로는 충분하지 않으며(GGnth), 어떤 경우에도 변명이 통하지 않는다(NEnth)는 요소가 그것이다. 일단 완고한 사람이 병에 걸린 조직에 투입되면 아주 강력한 강장제역할을 해서 조직의 병폐를 뿌리째 흔들어놓는다.

이 치료법은 당연히 효과가 있으나 치료 효과가 영구적이라고는 할 수 없다. 즉 질병에 감염된 부분이 조직에서 완전히 뿌리 뽑힐지를 확신할 수 없다. 기존 자료를 종합해본 결과 이러한 처방은 단지 첫 단계에서 증상을 누그러뜨리는 역할만 한다는 사실이 드러났다. 따라서 질병은 잠시 활성을 잃고 잠복해 있을 뿐이라는 사실을 알 수 있다. 몇몇 전문가들은 지속적으로 주사 요법을 쓰면 결국에는 병이 완치될 것이라고 믿는다.

한편 이 치료를 반복하다 보면 애초의 질병만큼이나 위험한 새로운 질병에 걸릴 수 있다며 우려를 표시하는 이들도 있다. 따라서 완고함 처방은 아주 조심히 사용해야 한다.

이보다 다소 부작용이 적은 처방으로 '조소'라는 약이 있기는 하다. 그러나 이 약은 작동 방식이 불분명하고 매우 불안정하며 효과에 대해서도 거의 알려진 바가 없다. '조소'를 주사했을 경우 심각한 부작용이 나타날 위험은 거의 없지만 실제로 치료가 되는지의 여부 역시 분명하지 않다. 무능하고 질투심만 많은 환자들은 아주 두꺼운 보호막을 형성하므로 조소 따위에는 무감각하다는 게 일반적인 평가다. 조소의 약효는 감염된 사람을 정상인으로부터 분리해내는 수준에 그치는 경우가 많다.

마지막으로 '징계'라는 처방을 살펴보자. 징계 처방은 매우 흔한 것으로 이미 많이 적용되었으며 효과 또한 아주 없지는 않았다. 그렇지만 이 방식에도 난점은 있다. 징계가 즉각적인 자극이 되기는 하나 애초에 의도했던 바와 정반대의 결과를 가져오기도 하기 때문이다. 바꿔 말하면 무능하고 시기심 많은 사람들이 아주 잠깐 발작적으로 활발히 행동하다가 곧 전보다 더 심한 무기력에 빠질 수 있다. 이 경우 징계 처방은 질병의 뿌리만큼이나 해로운 작용을 하게 된다. 징계 처방으로 효과를 보려면 완고함과 조소 그리고 시도해보지 않았던 다른 약들과 혼합하여 처방해야 한다. 여기서 분명히 해둘 것은 그러한 혼합 처방전이 아직 존재하지 않는다는 점이다.

이 질병의 두 번째 단계는 수술로 치료할 수 있다고 생각된다. 전문가들은 땅콩 모양 자루, 컬터 월폴(조지 버나드 쇼의 작품 〈의사의 딜레마The Doctor's Dilemma〉에 나오는 외과 의사 – 옮긴이)이라는 이름이 연상되는 작업에 대하여 들은 적이 있을 것이다. 이 위대한 의사가 처음으로 실시한 수술 방식은 패혈증에 감염된 부분을 제거하면서 동시에 유사한 기관에서 뽑아낸 피를 주사하는 것이었다. 이 수술법은 성공 사례가 많았지만 실패 사례도 분명히 있었다.

이 수술의 단점은 신체 조직에 가해지는 충격이 지나치게 크다는 점이다. 새로운 피를 구하기도 어려울뿐더러 설사 구할 수 있다 하더라도 혈관에 흐르는 기존의 혈액과 서로 융합하는 데 실패할 수 있다. 그럼에도 이처럼 과감한 방법이 질병을 완치할 수 있는 최선의 기회를 제공했다는 데에는 의문의 여지가 없다.

세 번째 단계에 이르면 무언가를 시도한다는 것 자체가 불가능하다. 이 조직은 현실적으로는 이미 죽은 것과 다름없는 상태다. 다시 새롭게 출발할 가능성이 아예 없지는 않으나, 이는 이름과 주소를 바꾸고 임직원들을 모조리 갈아치울 때에만 가능한 일이다. 모든 것을 바꿀 때 생기는 경제적인 손실을 고려하면 연속성이라는 명분 아래 기존 임직원의 일부를 새로운 조직으로 옮겨오고 싶을지 모른다. 그렇지만 이러한 투입은 치명적이다. 연속성이야말로 이 조직이 절대 피해야 할 요소다. 병을 앓고 있는 단체의 구성원이 질병으로부터 무사했던 적은 한 번도 없었기 때문이다.

다시 한 번 강조하건대 예전 조직에서 임직원과 설비, 전통 등이 옮겨오는 일은 결코 없어야 한다. 철저한 격리 뒤에는 완벽한 소독이 뒤따르는 법이다. 감염된 사람들에게는 인정 어린 추천서를 써준 후 적대적인 라이벌 회사로 보내라. 모든 설비와 서류들은 주저 없이 파기해야 한다. 건물을 가장 유용하게 처리하는 방법은 보험에 잔뜩 가입한 후 불을 내는 것이다. 건물 터가 시커먼 폐허가 되고 나서야 병균이 사라졌다고 확신할 수 있다.

9장

야자 지붕 오두막의 백만장자

성공의 공식

여기서는 자수성가한 중국인 백만장자의 사례가 소개된다. 아무리 돈을 많이 벌어도 예전의 허름한 오두막을 떠나지 않는 중국인들의 모습을 좇는 파킨슨의 시선은 호기심에 넘치고 흥미롭다. 파킨슨의 냉소는 이 장의 마지막, 바로 동서양 부자들의 탈세 방식을 비교하는 부분에서 나온다. 동서양의 방식은 조금씩 다르지만 기계적인 행정 처리 관행을 이용해 성공한다는 면에서는 동일하다.

보통 인류학자들은 이를테면 단드리어리랜드Darndreeryland 상부 디드야스Deedyas 강에 있는 보레유족의 거주지 같은 곳에서 6주나 6개월, 가끔은 6년 동안 함께 생활하곤 했다. 그 후 사진과 녹음테이프, 자료 노트 등을 가지고 문명 세계로 돌아와 그들 부족의 성생활과 무속 신앙에 대한 책을 열심히 써낸다.

그런데 보레유족과 같은 원시 부족들은 이렇게 인류학자들이 와서 샅샅이 관찰하고 캐묻는 통에 도저히 일상생활을 할 수 없는 지경에 이르고 말았다. 인류학자들의 관심에서 벗어나기 위해 기독교로 개종하는 경우까지 있었다고 한다(사실 이 방법이 실패한 것만은 아니다).

아직도 과학적 탐구의 대상이 될 원시 부족은 충분히 남아 있다. 그들에 관한 책들이 계속해서 쏟아지고, 마침내 마지막 원시 부족까지 자기 방어를 위해 기독교 찬송가를 부르는 상황이 되고 나면, 이번에는 뒷골목 빈민들의 차례가 될 것이다. 인류학자들은 끊임없이 설문지나 카메라, 녹음기로 연구 대상들을 취재하고 우리는 그 결과 탄생된 서면 보고서들을 계속 받아본다.

이와 달리 원시 부족에 대해서는 한치의 관심이 없고 빈민들을 취재하기에는 시간적 여유가 없는 인류학자들도 있다. 이들은 부자들 주위에서 현장 조사 활동을 하는 것을 더 선호한다.

▌중국인 백만장자에 대한 관찰

내가 소속되어 활동하기도 했던 연구팀은 그리스 선박왕의 세계에 대해 예비 조사를 실시한 적이 있고 아랍의 석유 재벌 사회에 대해서 연구한 경험도 있다. 그런데 정치 문제나 그 밖의 이유로 결국 연구는 중단되었고, 그 후 이 연구팀은 싱가포르에 사는 중국인 백만장자들에 대한 연구에 착수했다. 우리가 '하인 퍼즐The Flunky Puzzle'에 부딪혔던 것이 바로 이 연구에서다. 또한 '중국인의 사냥개 장벽Chinese's Hound Barrier'에 대해서 처음 들어본 것도 이때다. 우리는 연구 초기까지 이 두 용어가 어떤 의미로 쓰이는지 알지 못했다. 뿐만 아니라 그것이 한 가지 현상을 다르게 부르는 것인지의 여부조차 알지 못했다. 이제야 분명히 말할 수 있는 사실은 적어도 우리는 첫 번째 단서가 드러나는 단계까지 추적하는 데에는 성공했다는 것이다.

그 단서는 싱가포르에 있는 후 갓 도Hu Got Do 씨의 대저택을 방문하면서 얻을 수 있었다. 메들턴 박사는 그 백만장자의 수정 수집품들을 구경하던 도중 자신을 안내하던 하인에게 "세상에! 내가 듣기로 이분은 하급 부두 노동자 출신이라던데."라고 말했다. 그러자 속을 알 수 없는 이 중국인은 "하급 부두 노동자들만이 백만장자가 될 수 있지요. 또 하급 노동자만이 하급 노동자처럼 보일 수가 있고, 엄청난 부자만이 부자로 보일 수가 있는 것이지요."라고만 대답했다.

바로 이 수수께끼 같은 몇 마디 말에 기초해 우리는 전체적인 연구 계획을 세웠던 것이다. 자세한 연구 결과는 「메들턴-스누퍼리지 리포트」에 수록되어 있다. 여기서는 일반 독자들을 위해서 좀 더 단순화하여 설명하려 한다. 다음에 이어지는 내용은 기술적인 사항들을 대부분 생략하고 대체적인 줄기만 설명한 것이다.

지금까지 부두 노동자 출신 백만장자에 대한 연구는 외견상 어려운 점이 없었다. 중국인 부두 노동자는 야자수로 지붕을 이은 오두막에서 거친 음식을 먹으며 산다. 잡화 노점상을 하다가 형편이 조금 나아져 땅콩 행상을 하게 되더라도 이들은 여전히 거친 음식을 먹고 오두막에 산다. 형편이 더욱 좋아져서 하다못해 훔친 자전거 부품을 파는 가게라도 차린 후에도 여전히 오두막과 거친 음식을 고수한다.

그 결과 그는 투자 자금을 모으게 된다. 이때 10명 중 9명은 현명하지 못한 투기로 돈을 잃고 만다. 나머지 1명은 똑똑하거나 운이 좋아서 돈을 번다. 그럼에도 그는 여전히 오두막에 살 것이다. 예전처럼 거친 음식을 먹는 것 또한 변함없다. 성공 기법 중 하나로서 이러한 태도는 연구할 가치가 크다고 생각한다.

통나무집에서 출발하는 미국의 성공에서는 예비 백만장자가 반드시 넥타이를 매야 한다. 그렇게 해야 더욱 자신감을 가질 수 있다는 것이다. 또한 특권을 얻기 위해 좀 더 좋은 동네로 주소지를 옮겨야 한다. 하지만 속내를 말하자면 넥타이는 아내를 기쁘게 하기 위한 일이고, 좋은 동네로 이사 가는 것은 딸을 만족시키기 위한 일일 뿐이다. 가족 내의 여성에 대한 중국 남성의 지배력은 미국 남성보다 훨씬 더 강하다. 따라서 부두 노동자가 성공을 해도 여전히 오두막과 거친 음식을 고수할 수 있는 것이다.

이는 흔히 볼 수 있는 현상으로 이와 같은 행동은 크게 두 가지 이유에서 비롯된다. 첫째, 그의 집은 비록 불편하긴 하지만 그에게 의심할 여지 없는 행운을 가져다주었기 때문이다. 둘째, 좋은 집에 살면 틀림없이 국세청의 주목을 받게 될 것이다. 이 때문에 (현명하게도) 살던 집을 떠나지 않는 것이다. 그는 여생 동안 오두막을 어떤 형태로든 지키려고 할 것이다. 이처럼 오두막을 고수하려는 그가 만일 이사를 결심했다면 이를 일생에 중대한 위기가 닥쳤음을 알리는 신호로 여겨도 좋다.

그가 이사를 하는 이유는 주로 뒷골목 사회의 갈취, 공갈 협박, 강도 등으로부터 벗어나기 위해서다. 세금 징수관의 눈으로부터 불어나는 재산을 감추는 일은 비교적 쉽다. 하지만 같은 일을 하는 동료들의 눈을 속이는 일은 거의 불가능하다. 일단 그가 돈을 잘 번다는 말이 번져나가기 시작하면 그에게서 뜯어낼 수 있는 금액이 얼마인지 날카롭게 가늠해보는 사람들만 주위에 바글바글해진다. 여기까지는 누구나 알 수 있는 사실이다. 과거의 연구자들은 돈을 뜯어낼 수 있는 경우는 오직 이 한 가지 경우밖에 없다고 성급한 결론을 내렸다.

사실 이렇게 쓰이는 돈에는 세 가지 종류가 있다. 하나는 납치되었을 때 몸값으로 내놓을 수 있는 돈이고, 두 번째는 중국 신문에 자신과 관련된 부정적인 기사가 실리지 않도록 하기 위해 내미는 돈이며, 세 번째는 체면을 깎이지 않기 위해 자선단체에 기부하는 돈이다.

여기서 우리의 과제는 평균적으로 첫 번째 액수만큼의 돈을 벌었을 때가 바로 오두막집을 떠나 독일산 사냥개가 지키는 높은 담장이 있는 집으로 이사하는 시점이라는 사실을 입증하는 것이다. 흔히 이러한 이사를 두고 '사냥개의 장벽을 깨다Breaking the Hound Barrier'라고 표현한다. 사회 과학자들은 납치범이 요구하는 몸값이 구출 비용을 넘어서는 시점에 이르자마자 이사가 이루어진다고 간주한다.

돈을 많이 번 중국인은 집을 바꾸는 시점에 이르면 쉐보레나 패커드 같은 고급 승용차를 구입한다. 그런데 특이하게도 집을 옮기기 전에 고급 차부터 먼저 사는 경우가 아주 많다. 허름한 사무실 밖에 최고급 승용차가 서 있는 광경은 너무 익숙해서 더 이상 뉴스거리가 되지 않는다. 그러나 왜 이러한 현상이 나타나는지는 충분히 해명되지 않았다. 자동차가 필요하다는 사실은 인정하지만, 대부분의 사람들이 기대하는 것처럼 주위의 허름한 환경과 어울리는 차와는 거리가 먼 이유는 무엇일까?

어쨌든 알 수 없는 여러 이유로 중국인들이 자신의 부를 처음으로 과시하는 곳은 다름 아닌 크롬 도금한 승용차와 실내 장식, 자동차 제조사, 제작 연도다. 고급 승용차를 산 후 그들은 곧이어 철사를 둘러친 담장, 창살이 달린 창문, 잠금 장치가 된 차고, 집을 지키는 사냥개 등을 구비한다. 그의 신변에 과히 혁명이라 부를 만한 변화가 일어나는 것이다.

이 시점에서 그는 재산의 일부를 손해 볼 수도 있다는 각오를 하고 있어야 한다. 우선 사냥개 주인으로서 세금을 내지 않고 있다면 왜 모든 수입이 여태 비과세 대상이었는지에 대해 설명할 수 있어야 한다. 뿐만 아니라 강도에게 금품을 갈취당하는 일은 피한다 하더라도 여러 형태로 접근하는 협박

꾼들의 위협을 완전히 피하기는 어렵다. 어느 날은 그에게 불리한 기사를 싣지 않겠다며 대가를 요구하는 미심쩍은 신문사의 얄팍한 언론인이 방문한다. 그로부터 일주일 후에는 어딘지도 알 수 없는 고아원 후원 기금을 걷고 있다며 그 사람이 다시 방문할 것이다. 또한 산업계의 불안을 잠재우는 대가를 요구하는 노동조합 간부들의 방문에도 익숙해져야 한다.

▌백만장자들의 재산 관리

우리의 목표 중 하나는, 중국인 사업가가 거쳐가는 인생 경로 중 사냥개를 소유하게 되는 단계에 대해 좀 더 구체적인 자료를 모으는 것이었다. 그런데 어떤 면에서는 이것이 전체 연구 과정 가운데 가장 어려운 부분이 될 수도 있었다. 개에게 들켜서 바지가 찢어지고 발목을 물리는 희생을 치러야 얻을 수 있는 지식이기 때문이다. 우리는 위험을 감수해야 할 때 절대 회피하지 않고 도전을 받아들였다. 그렇지만 몸값으로 얼마가 지불되는지 알아내기 위해서 현장 조사를 벌일 필요는 없었다. 그 액수는 일반적으로 널리 알려져 있고 지역 신문에서도 자주 인용되었기 때문이다.

여기서 가장 중요한 액수는 신문에 인용되는 최고 액수와 최저 액수 사이의 범위다. 그 액수는 보통 5,000~20만 달러를 오간다. 절대 5,000달러 이하로는 내려가지 않으며 20만 달러 이상으로도 넘어가지 않는다. 그리고 강탈당하는 액수는 대부분 그보다는 더 좁은 범위에 속해 있다. 앞으로 연구를 계속하면 평균 액수가 어떤 의미를 지니는지 알아낼 수 있을 것이다.

납치범들이 요구하는 최저 액수가 한계 수익을 낼 만큼 높은 수준이라면, 납치범들이 강탈해가는 최대 액수는 지금껏 납치된 사람들 가운데 가장 부유한 사람에게서 뜯어낼 수 있는 최대한의 액수라고 쉽게 결론지을 수 있다. 그렇지만 분명한 사실은 세계에서 가장 부유한 사람이 납치되는 일이 가뭄에 콩 나듯 매우 드물다는 점이다. 중국인 백만장자에게도 마찬가지로 어느 순간 위협이나 협박으로부터 자유로워지는 시점이 온다고 볼 수 있다.

더욱이 이 마지막 단계가 되면 백만장자들은 더 이상 자신의 부를 감추지 않고 오히려 강조하며 협박에서 충분히 벗어날 만큼의 부를 축적했다는 사실을 공개적으로 과시하게 된다. 지금까지 우리 연구팀은 마지막 단계의 자유로움이 어떻게 얻어지는지 알아내지 못했다. 백만장자 클럽에 잠입해서 이 시점에 대한 자료를 모으려다 쫓겨난 사람도 많다. 결국 그 시점은 그가 거느리는 집사, 참모, 개인 시종, 비서, 심부름꾼(이 모든 존재는 이 단계에서 확연하게 나타난다) 등의 숫자와 관련이 있다고 잠정적으로 결론을 내리고, 그 문제를 '하인 퍼즐'이라 명명한 후 손을 뗄 수밖에 없었다.

그러나 이 문제로 우리가 오랫동안 좌절할 필요는 없다. 사실 대체로 이러한 현상은 다음에 나올 두 가지 방법으로만 설명할 수 있으며, 그 두 가지가 모두 적용될 수도 있다. 한 가지 가설은 시종들이 결코 뚫을 수 없는 호위망을 형성하는 총잡이들일 수도 있다는 것이다. 또 다른 가설은 그 백만장자가 다른 강도 집단이 감히 대항할 수 없을 만큼 강력한 비밀단체를 운영하는 경우다.

첫 번째 가설은 주도면밀하게 강도 사건을 꾸며서 실험해보면 상대적으로 쉽게 파악된다. 하지만 두 번째 가설을 시험하기 위해서는 좀 더 치밀한 두뇌와 용기가 필요하다. 우리 연구팀 가운데 몇몇 용감한 사람들이 개에게 물리는 사고가 발생하자 우리는 이렇게까지 하면서 연구를 계속해야 하는지에 회의를 느끼게 되었다. 우리는 자체적으로 이 연구를 완성할 만한 인력도 자금도 없다는 결론을 내릴 수밖에 없었다.

우리의 중간 보고서가 출간된 이후에도 여전히 남아 있는 한 가지 수수께끼는 중국인들이 세금을 내지 않는 방법이었다. 이 점에 대해서 우리가 알아낸 것이라고는 서양에서 사용하는 방법은 별로 쓰이지 않는다는 사실뿐이다.

잘 알려져 있듯이 서양에서는 자신이 상대하는 부서의 표준 유예 기간Standard Delay(우리는 SD라고 부른다)을 알아내는 일이 가장 중요하다. 표준 유예 기간이란 어떤 부서에 편지가 도착하는 시점에서 그 편지 내용을 실제로 처리하는 시점까지 소요되는 시간을 가리킨다. 좀 더 정확히 표현하면 이 시간은 어떤 서류가 서류 더미 맨 밑바닥에서 맨 위까지 올라오는 데에 걸리는 시간을 말한다. 만약 이 시간을 27일 정도라 가정하면 서양의 납세자들은 왜 자신이 세금 고지서를 받지 못했는지 문의하는 편지를 쓰는 일로 탈세 작전을 시작한다.

실제로 그가 편지에 어떤 내용을 쓰는가는 문제되지 않는다. 그가 원하는 것은 자신의 납세와 관련된 서류가 도착한 편지와 함께 처리할 서류 더미의 맨 밑에 깔리는 것뿐이다. 그러다 25일 정도가 지난 후 그는 자신이 보낸 첫 번째 편지에 대해 왜 응답이 없는지 항의하는 편지를 또 쓴다. 그렇게 하면 그의 서류는 꼭대기까지 올라와서 처리되려고 하는 시점에서 다시 서류 더미의 맨 밑바닥으로 내려간다. 25일 후 그는 다시 편지를 쓰고…… 이렇게 하면 그의 서류는 영영 처리되지 않고 사실상 세무 관리의 눈에도 띄지 않게 된다.

서양에서는 이것이 가장 보편적인 방법이고 성공률도 높다고 알려져 있으므로 나는 당연히 중국인들도 이 방법을 알고 있으리라 생각했다. 그런데 기후와 풍토가 달라서인지 동양의 세무 당국은 업무를 처리할 때 서양처럼 질서 있는 리듬을 타지 않아 상황을 예측하기가 어려웠다. 중국인들이 어떤 방법을 사용하는지는 잘 모르겠지만 아무튼 우리가 SD라고 부르는 것을 이용하지 않는다는 점만은 분명했다.

▌탈세의 기술

분명히 강조하지만 이 문제에 대해서 우리는 최종적인 결론을 내리지 못했다. 비교적 타당한 이론이 하나 있지만 이 자리에서 언급하기에는 미흡한 수준이다. 이 이론은 우리 연구자들 가운데 가장 명석한 사람이 제시한 것으로 아직은 기지가 번득이는 추측에 불과하다는 점을 우선 밝혀두고 설명을 시작한다.

이 가설에 따르면, 중국인 백만장자들은 자신에게 세금이 부과될 때까지 기다리지 않고 미리 세금 징수 관리자에게 예를 들어 329달러 83센트짜리 수표를 보낸다. 여기에 전임 담당자와 현금으로 납부한 지난번 세액에 대해서 간단히 언급한 편지를 동봉한다. 이 편지로 인해 세금 징수 부서 전체의 원활하던 흐름이 깨진다. 그리고 세액 계산에 실수가 있었다는 사실을 해명하고 23센트를 돌려달라는 내용이 적힌 편지가 또다시 도착하면 조직은 대혼란에 빠진다. 세무 관리자들은 너무나 혼란스럽고 의아해서 1년 반 동안은 어떤 대응이나 응답을 하지 못하게 된다. 마침내 이 기간이 다 지나갔다싶을 즈음에는 167달러 42센트가 찍힌 수표가 도착한다.

위의 추론에 따르면, 이러한 방식으로 백만장자들은 실제로 전혀 세금을 납부하지 않는다. 대신 애꿎은 세무 관리들만 노이로제에 걸릴 지경에 이른다.

10장

물러나야 할 시기 파악하기

은퇴 시기

"은퇴 연령 3년 전부터 개인의 업무 능력이 떨어진다."

파킨슨은 개인의 업무 능력이 떨어지는 것은 정해진 연령대가 아니라 정년퇴직하기 3년 전부터라는 주장을 편다. 이는 우리의 경험상 매우 설득력 있는 주장이다. 또한 후임자의 앞길을 막지 않으려면 선임자가 알아서 스스로 물러나는 게 최상의 시나리오이겠지만 그렇지 않은 경우에 어떻게 선임자를 쫓아내야 하는지에 관한 방법이 다양한 사례를 통해 소개된다. 파킨슨은 여러 가지 사례를 들어 해외 출장이나 서류 작성 업무가 얼마나 비효율적으로 되어 있는지를 은연중에 지적한다. 여기 소개된 것처럼 직접적이지는 않지만 자신의 앞길을 위해 선임자든 부하 직원이든 가차 없이 물리쳐야 하는 것은 오늘날에도 다를 바 없다.

퇴직 문제는 많은 연구 위원회의 주제가 되어왔지만 심의를 위한 자료들은 항상 숱한 논란만을 양산할 뿐이었다. 또한 심의 후 최종 추천은 대충 얼버무려져서 부정확하고 모호했다.

정년퇴직 연령은 55~75세로 다양하지만 한결같이 독단적이고 비과학적이다. 퇴직 연령이 우연히 정해졌든 관행을 따랐든 방어 논리는 같다. 퇴직 연령이 65세로 정해진 곳에서 이 체제를 옹호하는 사람들은 62세가 되면 지능과 체력에 이상 신호가 온다고 주장한다. 이들의 생각은 퇴직 연령이 60세인 조직에서 관찰된 사실만 아니었다면 타당한 것으로 인정되었을 것이다. 하지만 60세에 퇴직하는 기업에서 직원들은

57세가 되면 이해력이 떨어지기 시작한다는 사실이 밝혀졌다. 또 55세에 퇴직 예정인 사람들은 52세에 자신의 최고 기량에서 멀어졌다.

종합하면 퇴직 연령(R)과 상관없이 효율성은 'R-3'의 나이에서 떨어지는 것으로 보인다. 이는 자체로도 재미있는 사실이지만 R의 나이를 정하는 데에도 직접적인 도움이 된다.

▌부하 직원의 성장을 가로막는 상사

R-3의 나이를 밝힌 것이 우리에게 직접적인 도움을 주지는 않는다. 다만 지금까지의 연구가 엉뚱한 데에서 이루어졌음을 밝힐 수는 있다. 기존 연구에서는 어떤 사람들은 50세에 이미 늙지만 어떤 사람은 80세나 90세에도 여전히 활력이 넘친다는 것을 밝혀냈다. 이는 사실을 바탕을 한 것이겠지만 사실 자체만으로는 아무것도 알아낼 수 없다. 반면 R-3에 대한 연구는 퇴직 연령이 퇴직 대상자와는 전혀 관계가 없다는 사실을 밝혀냈다. 우리가 지켜보아야 하는 것은 그의 후임자다.

X가 퇴직하면 X의 자리를 이어받을 사람을 Y라 하자. 일반적으로 알려진 대로 X는 다음 단계를 거치면서 자신의 경력을 성공적으로 쌓아갈 것이다.

1. 자격Qualification의 나이(Q)

2. 재량Discretion의 나이(D) $= Q + 3$

3. 승진Promotion의 나이(P) $= D + 7$

4. 책임Responsibility의 나이(R) $= P + 5$

5. 권한Authority의 나이(A) $= R + 3$

6. 성취Achievement의 나이(AA) $= A + 7$

7. 명예Distinction의 나이(DD) $= AA + 9$

8. 위엄Dignity의 나이(DDD) $= DD + 6$

9. 지혜Wisdom의 나이(W) $= DDD + 3$

10. 장애Obstruction의 나이(OO) $= W + 7$

위의 척도는 Q라는 수치에 의해 좌우된다. 이제 Q는 기술적 용어로 이해되어야 한다. 그러나 어떤 사람이 Q 수준에 도달했다고 해서 그가 자신의 역할을 조금이라도 안다는 뜻은 아니다. 건축가를 예로 들면 그가 특정 시험을 통과했다 하더라도 그 시점에서는 (혹은 그 이후에도) 업무에 필요한 것들을 잘 알지 못한다. Q는 전문적이거나 사업적 경력이 시작되는 나이를 가리킨다. 즉 훈련 프로그램으로 돈을 버는 자들 이외에 누구에게도 도움되지 않는 복잡한 훈련을 마쳤을 때의 나이다.

Q 수치가 22라면 X는 72세 전까지는 ○○(장애의 나이)에 도달하지 않을 것이다. 따라서 효율성 면에서 볼 때 71세 전에 그를 퇴직시킬 이유가 없다. 하지만 우리의 문제는 X가 아니라 그의 후임, Y에 관한 것이다. X와 Y의 나이를 어떻게 비교할 수 있겠는가? 더 정확히 말해 Y가 처음 이 부서나 회사에 입사했을 때 X는 몇 살이겠는가?

이 문제는 연구의 오랜 주제였다. 위의 질문에 대해 조사해보면 X와 Y의 나이 차가 정확히 15년이라는 사실이 드러날 것이다. 물론 이는 아버지의 자리를 아들이 잇는 일반적 관습에는 맞지 않는다. 15년이라는 나이 차를 고려하여 'Q = 22'라고 가정했을 때 Y는 47세에 AA(성취의 나이)에 도달함을 알 수 있다. 그때 X는 62세로 아직 활동이 왕성할 시기이다. 위기는 바로 이때 찾아온다. Y의 야망이 X의 힘에 밀려 좌절되면 Y는 불가피하게 다른 경력 단계를 밟는다. Y의 새로운 경력 단계는 다음과 같다.

6. 좌절Frustration의 나이(F) = A + 7

7. 시기Jealousy의 나이(J) = F + 9

8. 사임Resignation의 나이(R) = J + 4

9. 망각Oblivion의 나이(O) = R + 5

즉 X가 72세일 때 57세인 Y는 퇴직 연령에 들어서는 것이다. X가 드디어 퇴직한다 해도 (좌절과 시기의 10년을 보낸 후) 이제 평범하게 살기 위해 사임하는 Y는 X의 후임 자격이 없는 인물로 평가된다. Y의 입장에서는 기회가 10년이나 늦게 온 셈이다.

새로운 경력 단계 역시 Q 수치에 의해 좌우되므로 좌절의 나이가 항상 같지는 않다. 그러나 그 조짐은 금방 눈에 띈다. 중요한 결정을 내리는 기회가 주어지지 않는 사람은 자신에게 허락된 소소한 결정들을 중요한 것으로 간주하기 시작한다.

그는 서류 정리에 까다로워지고 연필이 잘 깎여 있는지 확인하고 싶어 한다. 창문이 열렸는지(혹은 닫혔는지) 시시때때로 확인해야 직성이 풀리고 두세 가지 다른 색깔의 잉크를 사용하곤 한다. 이 시기의 나이에 이르면 서열을 유난히 강조한다.

"어쨌든 난 아직도 중요한 인물이니까." "나한테 물어보지도 않다니." "Z는 아무 경험도 없어."

그러나 이러한 노력에도 불구하고 종국에는 물러나야 할 시기가 찾아온다.

"나는 야망이 있는 타입은 아니야." "Z는 이사회에 들어가게 됐어. 하지만 좋아하긴 일러. 내가 장담하건대 좋은 일보다는 힘든 일이 더 많을걸." "승진이 됐으면 바빠서 골프도 못 칠 거야."

이 이론은 좌절의 나이에 이르면 지역 정치에 관심을 갖게 된다는 점도 발견했다. 그러나 다른 연구를 통해 알려진 대로 불행한 결혼생활의 결과로서 지역 정치에 무작정 입문하는 사람도 많다는 점을 아울러 밝힌다. 47세(혹은 비슷한 나이)에 여전히 하위직에 있는 남자는 어떤 일에도 맞지 않을 것이라는 사실은 앞서 말한 다른 증상들을 보면 명확해진다.

전임자 조기 퇴직시키기

Y의 문제를 해결하려면 아직 누구보다도 일을 잘할 수 있는 X를 60세에 조기 퇴직시키는 것이 관건이다. 그를 조기 퇴직시킨 후 일시적으로 상황이 더 악화될 수도 있지만 X가 퇴직할 때 그의 측근 중에서 후임자가 나오지 않도록 하면 된다. X가 탁월하다고 입증될수록 그의 임기는 길어지며 그를 내보내려는 작업은 더 골치 아파진다. 서열 면에서 그의 최측근자들은 이미 너무 늙었으며 너무 오랫동안 하위직에 있었다. 그들이 유일하게 할 수 있는 일이란 부하 직원의 앞길을 막는 것밖에 없다.

능력 있는 후임자는 수년간 없을 것이며 큰 위기가 닥쳐서 새로운 지도자를 세워야 할 때에도 나타나지 않을 수 있다. 그러니 어려운 결정을 해야 한다. X가 적당한 기간만 머물러 있지 않는 이상 전 조직의 고달픔은 계속될 것이다. 하지만 어떻게 X를 제거할 것인가?

다른 수많은 문제들에서도 그렇듯이 현대 과학은 이때에도 당황하지 않는다. 과거의 조잡한 방법은 사라졌다. 예전에는 누구나 이사회에 나가면 개미 같은 목소리로 말하고, 다른 사람들은 모두 이해하는 척 고개를 끄덕였다. 그러면 아무 말도 알아듣지 못한 회장은 애꿎은 자신의 귀만 탓하곤 했다.

하지만 현대 기술은 이보다 훨씬 효과적이며 확실하다. 그 방법은 본질적으로 해외 출장과 서류 업무에 달려 있다. 조사를 통해 현대생활에서의 완전한 탈진 상태는 이 두 활동이 결합되었을 때 나타난다는 사실이 밝혀졌다. 두 가지 활동으로 충분히 지친 고위 간부는 조기 퇴직을 고민하기 시작한다. 원시 아프리카 종족들은 왕이나 족장을 통치 기간 중에 숙청해버리는 관습이 있다. 수년간의 통치 후 왕성한 힘이 사라진 것으로 간주되는 때가 바로 숙청이 행해지는 시기다.

현대에 와서 이 기술은 고위 간부를 6월에 헬싱키 회담, 7월에는 애들레이드 회의, 8월에 오타와 총회에 각각 3주 일정으로 참석시키는 것으로 변형되었다. 이때 그 고위 간부에게 이 부서나 회사에 돌아오는 혜택이 그의 참석 여부에 달려 있으며 이 일을 누군가에게 떠넘긴다면 다른 참석자들에게 모욕을 주는 행위라는 점을 확신시켜야 한다. 그는 회의를 마치고 사무실에 돌아와도 3~4일 후에는 또 다른 회의를 위해 다시 출장길에 올라야 한다.

가끔 사무실에 올 때마다 그는 처리해야 할 서류가 산더미라는 사실을 깨닫는다. 출장에 관한 문서뿐 아니라 입국 신청이나 할당량 배정 혹은 소득세에 관한 것 등 서류는 끝이 없다. 오타와 회담에서 돌아온 후 서류 결재를 다 끝내자마자 일련의 새로운 회담 일정을 받는다. 9월에 마닐라, 10월에 멕시코시티, 11월에 퀘벡 회담 일정을 힘겹게 소화한 다음 12월쯤이면 그는 나이를 절감하는 중임을 고백한다. 그리고 1월에 퇴직 의사를 밝힌다.

이 기술의 핵심은 각 회의가 회사와 가장 멀리 떨어진 장소에서 열려야 하며 기후 변화 또한 극심해야 한다는 것이다. 단 한순간이라도 쉴 수 있는 배 여행은 절대 금물이다. 무조건 항공 여행이어야 한다. 항공 경로는 고민할 필요도 없다. 승객보다는 우편의 편의를 생각해 계획된 경로라는 면에서 모두 같기 때문이다.

일반적인 탑승 절차에 따르면 12시 45분에 공항에서 여행 짐의 무게를 재고 1시 30분에 이착륙장에 나가서 2시 50분에 이륙한다. 도착 예정 시각은 다음 날 3시 10분이다. 그러나 늘 그렇듯이 비행기가 연착하여 사실상 3시 57분에야 착륙하고 승객들은 4시 35분이나 되어서야 입국 수속을 마친다.

운이 좋으면 아침 식사만 세 번쯤 하는 일도 가능하다. 이와는 반대로 몇 시간이 지나도록 아무것도 얻어먹지 못하는 수도 있다. 결국 영양실조로 쓰러지는 순간 와인이나 한 모금 얻어 마실 수 있을는지 모를 일이다. 게다가 비행 시간 대부분은 보유 현금과 건강 상태에 관한 갖가지 질문지를 작성하는 데에 소요될 것이 틀림없다.

'미국 달러는 얼마나 소유하고 있는가? 파운드, 프랑, 마르크, 길더, 엔, 리라와 호주 달러는? 신용장과 여행자 수표, 우표와 우편환은 얼마나 가지고 있는가? 어젯밤과 그저께 밤에는 어디서 묵었는가(마지막 질문은 간단하다. 대체로 비행기로 해외 출장을 가는 사람들은 지난주 내내 잠을 잔 일이 거의 없었다고 대답할 것이다)? 출생연도와 생년월일은? 자녀는 몇 명이며 그 이유는? 체류 기간은 얼마이며 어디에서 머물 예정인가? 방문 목적은(이제야 기억이 났다는 듯)? 수두를 앓은 적이 있는가, 없다면 왜 앓지 않았는가? 파타고니아 비자를 얻었는가, 홍콩 재입국 비자를 얻었는가? 거짓 진술을 하는 경우에는 종신형을 받게 됨을 알린다.'

질문지 작성을 마칠 즈음 다음 안내 방송이 나온다.

"안전띠를 착용해주시기 바랍니다. 우리는 양곤에 착륙하고 있습니다. 현지 시각은 2시 47분이며, 기온은 섭씨 43.3도

신분증 혹은 여권의 일련번호	증조부의 성명	증조모의 하인 성명	(백신이나 예방 접종의 경험이 있는 경우) 날짜와 원인	세부 사항을 적으시오.

※ 유의 사항 : 부정확한 정보를 작성했을 시 5,000파운드의 벌금형 혹은 3년의 징역 또는 양자 모두의 처벌이 가능하다.

입니다. 우리는 약 1시간 정도 이곳에 머물 예정입니다. 아침 식사는 이륙 5시간 후 기내에서 할 것입니다. 감사합니다. 기내에서는 금연입니다."

퇴직 촉진제로 간주되는 해외 출장에는 상당량의 서류 업무가 수반된다. 이 서류 업무는 여행과는 별개로 자체가 시련이다. 문서 작성을 요구할 때에는 세 가지 요소를 바탕으로 해야 한다. '난해함, 공간 부족, 비실행 시 엄중한 벌금'이 그것이다.

모호성, 엉뚱함, 전문 용어 사용 등의 다양한 방법을 활용하면 문서의 난해함이 더욱 증폭된다. 보다 단순한 방법은 이제 기계적으로 모든 서류에 쓰이고 있다. 최근에 가장 많이 쓰이는 작전은 문서의 오른쪽 꼭대기에 다음과 같은 단서 조항을 다는 것으로 시작된다.

당신은 2월 16일에 작성된 서류를 받았고 그것이 지난달 것인지 혹은 이번 달이나 다음 달과 관계되는지 전혀 알 수 없다. 오직 문서를 준 사람만이 알 수 있는 사항을 오히려 당신에게 묻는다. 이즈음 지면 공간 담당자와 밀접히 협력하는 모호성 전문가가 일을 넘겨받는다. 그 결과는 다음과 같다.

해당되지 않을 경우 줄을 그으시오.	이름	주소	기류지	귀화 시기와 이유	현재 상태
Mr.					
Mrs.					
Miss					

이는 '케스테븐의 링컨셔 지역, 뉴캐슬-언더-라임 근처의 래이어 드 라 헤이의 배틀 엑스 타워스'에 사는 '알렉산더 윈스롭 퍼시벌 블렌킨솝 포더린게이(말도 안 되는 이름이지만)'라는 이름의 대령이나 귀족 또는 교수나 의사를 위해 특별히 고

안된 서류다.

'기류지'라는 단어를 보라. 이는 귀화 신고 내용 중 의심스러운 부분이 있을 때 국제 변호사에게나 필요할 법한 것으로 사실상 무의미한 칸이다. 끝으로 '현재 상태'가 있다. 작성자는 이 칸에 '장군'이라고 써야 할지 '기혼' 또는 '미국 시민'이나 '전무 이사'라고 써야 할지 고민하게 된다.

이제 모호성 전문가는 임무를 엉뚱함의 전문가에게 넘겨준다. 이 전문가는 새로운 지면 공간 할당자를 불러들여 레이아웃에 대해 조언한다. 그러고 나서 반쯤 완성된 기술 업무는 전문 용어 전문가에게 보내진다. 그는 독특한 뭔가를 생산하는 데에 남다른 능력이 있다.

특별 상황 258은 조정된 할당을 정당화한 것으로 추정된다. 그 요구는 지난 신청 1430이 관계되어 있는 할당량 기간의 면에서 이루어진 것이다. 이것은 '기존의 것을 개선한 것인지 아닌지, 어떤 의미와 목적으로 이루어졌는지, 다른 부서 혹은 여러 단체들이 낸 신청 사항이 분과 VI35 이하의 기타 기획 담당자에 의해 거절되었는지 혹은 그렇지 않은지, 앞의 결정이나 뒤의 결정이 청원의 결과와 이유에 관한 주제에 의해 내려졌는지 아닌지'에 관한 것이다.

마지막으로 다음과 같이 서명란을 만든다. 유종의 미를 거두기 위해서다.

본인 _____은(는) 본인이 위에 제공한 모든 정보가 본인이 아는 한 진실임을 선언하며, 위반 시 처벌을 감수할 것을 맹세한다.

_____ 년 ___ 월 ___ 일   본인   (인)

증인 :

이름 :   사진
                        (여권 사진 크기)

주소 :

직업 :

확인 _____

지장

 이로써 혼란 작전은 끝난다. 필요한 사진이나 지문이 본인의 것인지 아니면 증인의 것인지 모호하다는 사실만 제외하면 상당히 명확한 편이다. 어쨌든 이는 그리 중요하지 않다.

 이 실험은 충분한 해외 출장과 서류 업무만 주어진다면 나이 많은 고위 간부는 곧 퇴직할 수밖에 없음을 보여준다. 심

지어 작전이 시작되기도 전에 퇴임을 결정하는 윗사람들의 예도 상당히 흔하다. 스톡홀름이나 밴쿠버에서의 회담이 언급되는 순간 그들은 때가 왔음을 깨닫는다. 그래서 요즘은 과격한 방법들을 채택할 필요가 없다.

최근에 이 작전이 쓰인 것은 제2차 세계 대전이 끝난 직후였다. 한 고위 간부의 예를 들어본다. 그는 말레이시아의 주석 광산과 고무 지대를 시찰하는 임무를 받았다(외부적으로는 임무였지만 실상 그를 몰아내기 위한 처벌에 가까웠다).

그는 기후 변화가 극심한 1월에 제트 비행기를 타고 이동해야 했다. 오후 5시 52분(말레이시아 시각)에 착륙하자마자 칵테일파티에 곧장 달려가야 했고, 거기서 또다시 다른 칵테일파티에 들른 후 다시 17킬로미터나 떨어진 곳에서 열리는 만찬회에 가야 했다. 그는 새벽 2시 30분 무렵 취침했다가 다음 날 아침 7시에 비행기에 올랐다.

늦은 아침 식사를 위해 이포Ipoh 시각에 맞춰 착륙한 후 그는 두 곳의 고무 생산 지대와 주석 광산, 야자유 생산지, 파인애플 통조림 공장을 방문했다. 점심 후에는 로터리 클럽 일정에 이끌려 학교와 병원을 둘러본 다음 커뮤니티 센터에 가게 되었다. 거기서 2개의 칵테일파티가 열렸다. 20개의 코스가 이어진 어느 중국 연회에서는 축배를 하느라 큰 컵에 따라주는 독한 브랜디를 몇 잔이나 마셨다. 그다음 날에는 정책에 대한 공식 토론이 시작되어 3일간 계속되었다. 회의는 항상 정식 리셉션과 수마트라나 인디아 식의 심야 연회로 이어졌다.

이 작전이 너무 지나쳤다는 것은 5일 만에 드러났다. 그날 오후 이 관리는 비서와 조수의 부축을 받아 간신히 걸을 수 있었다. 결국 6일째 되던 날 그가 사망함으로써 자주 피로를 느낀다거나 건강하지 못했다는 평소의 인상을 확인시켜주었다.

이와 같은 방법들은 더 이상 각광받지 못한다. 게다가 이렇게까지 할 필요도 없다. 요즘 사람들은 제때 물러나는 법을 알고 있기 때문이다.

나의 자리 지키기

그렇다면 우리 자신은 어떻게 해야 하는가? 우리에게도 다른 사람을 위해 물러나야 할 시기가 분명히 온다. 하지만 우리의 경우는 지금까지 이야기한 사람들과는 완전히 다르다는 사실이 금방 명확해질 것이다. 물론 우리는 무작정 퇴임을 거부하지 않는다. 그러나 마땅한 후임자가 쉽게 눈에 띄지 않을 경우 직업적 소명 의식 및 공공의 이익을 위해 퇴직을 몇 년 정도 연기하는 데에 동의할 수밖에 없다.

그러다 한 고위 간부가 다가와 테헤란이나 호바트에서 열리는 회의에 대한 설명서를 주면 우리는 손사래를 치며 모든 회의가 다 시간 낭비라고 선언해야 한다. 그리고 이렇게 말하자.

"덧붙이자면 내 일정은 이미 정해졌네. 다음 두 달간 낚시나 할 거라네. 그리고 10월 말에 사무실에 돌아올 계획이야. 그때쯤이면 모든 문서가 다 작성되어 있겠지? 그럼 그때까지 잘 있게."

우리는 우리의 전임자들이 어떻게 쫓겨났는지 잘 알고 있다. 그러니 우리에게 퇴직의 압박을 가하려면 우리의 후임자들은 그들만의 새로운 작전을 짜야 할 것이다.

KI신서 7486

파킨슨의 법칙

1판 1쇄 발행 2010년 4월 15일
2판 1쇄 인쇄 2019년 10월 25일
2판 1쇄 발행 2019년 11월 5일

지은이 시릴 노스코트 파킨슨 **옮긴이** 김광웅
펴낸이 김영곤 박선영 **펴낸곳** (주)북이십일 21세기북스
콘텐츠개발본부 윤예영
해외기획팀 박성아 장수연 이윤경
마케팅1팀 왕인정 나은경 김보희 정유진
마케팅2팀 이득재 한경화 박화인
출판영업팀 한충희 김수현 최명열 윤승환
제작팀 이영민 권경민
표지디자인 김종민

출판등록 2000년 5월 6일 제406-2003-061호
주소 (우 10881) 경기도 파주시 회동길 201 (문발동)
대표전화 031-955-2100 **팩스** 031-955-2151 **이메일** book21@book21.co.kr

(주)북이십일 경계를 허무는 콘텐츠 리더

21세기북스 채널에서 도서 정보와 다양한 영상자료, 이벤트를 만나세요!
페이스북 facebook.com/jiinpill21   블로그 instagram.com/jiinpill21
포스트 post.naver.com/21c_editors   홈페이지 www.book21.com
유튜브 www.youtube.com/book21pub
서울대 가지 않아도 들을 수 있는 명강의! 〈서가명강〉
네이버 오디오클립, 팟빵, 팟캐스트에서 '서가명강'을 검색해보세요!

ⓒ 시릴 노스코트 파킨슨, 2019
ISBN 978-89-509-7533-3 03320